«Rock 'n' roll is enough. It's everything.»

— Richard Hell
Vulture, 2014

MATHIEU PLASSE

MODES
ROCK 'N' ROLL
1955 - 2013

La jeunesse s'ennuie... Elle a déjà tout vu, tout entendu, elle a saisi le monde. Soudainement, un corps étrange apparaît, une couleur bizarre, un son excitant affleure. Pendant ce temps, les adultes restent confortables avec les choix stylistiques qu'ils avaient fait vingt ans auparavant. (Le monde a avancé et ils étaient occupés. On comprend).

La mode nouvelle se maintient jusqu'à l'ennui, jusqu'à ce qu'elle devienne commune et qu'elle se ringardise automatiquement. Ses premiers adhérents pleureront son sort.

C'est alors qu'une nouvelle singularité bourgeonnera. C'est probablement une mutation parmi tant d'autres qui a finalement attrapé le présent. L'excentricité en question combinait parfaitement l'exotisme de l'inconnu à l'aisance du connu.

Peut-être était-ce la résurgence d'une mode passée, connue d'une ancienne génération mais inconnue de la nouvelle. Peut-être était-ce une variante incongrue d'une mode actuelle déjà consensuelle. Peut-être était-ce simplement une vague évocation nostalgique. La mode mute, la plus forte survit, l'évolution avance.

Le rock 'n' roll, c'est le sexe et la mort. C'est l'excitation, la pulsion, le danger. Le rock 'n' roll, c'est cet éternel amour de l'Occident moderne pour les poètes maudits et le romantisme, électrifié.

Il y a quelques années, les propriétaires de la boutique *Knock out* de la rue Saint-Joseph à Québec me demandaient de réaliser une murale inspirée de la première édition de ce livre (parue en 2007). J'ai peint un portrait de Patti Smith sur le mur du fond, j'ai collé une centaine de personnages sur un autre mur, puis je leur ai promis de rééditer le livre.

Ce livre retrace les principales modes rattachées à la culture rock 'n' roll. Tout est vrai ou y aspire. Nommer et clouer les modes en quelques phrases tout en s'imposant un seul style par année est très casse-gueule, ce qui ajoute bien sûr au plaisir.

BIKER
1955

Parmi les soldats revenus du front au lendemain de la deuxième guerre mondiale, certains s'installent dans ces nouvelles inventions : les banlieues américaines. D'autres enfourchent une motocyclette et parcourent le continent. Ils s'agglutinent et forment des gangs. Les apparats de cuir propres aux motocyclistes deviennent l'uniforme des indociles, des indisciplinés, des insoumis. Les Européens de l'ère romantique rêvaient des Amériques sauvages. Les autoroutes américaines infinies seront le nouveau théâtre de ces fantasmes occidentaux.

Plusieurs motards aimaient le rock 'n' roll. Plusieurs rockers aimaient l'accoutrement des motards. L'un par l'autre, le rock 'n' roll devait ainsi s'accoupler éternellement au cuir noir, au denim bleu, aux accessoires argentés, à la dégaine sale et aux cheveux huileux.

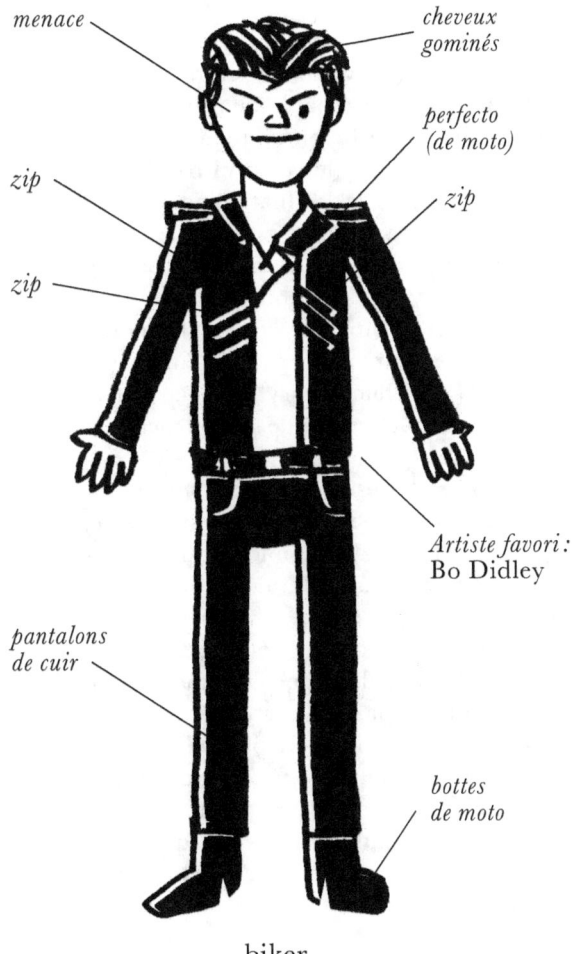

ROCK 'N' ROLLER
1956

En 1956, lorsqu'Elvis Presley apparut dans le téléviseur, chantant *Hound dog* et gesticulant comme un possédé incapable de réprimer ses pulsions sexuelles, la révolution déclamait les valeurs qui animeront le rock 'n' roll futur : la liberté, la jeunesse, la fascination pour le mal et les interdits, le sexe.

Le rock 'n' roll, c'est le croisement du blues au country. C'est le son des blancs qui veulent faire de la musique comme les noirs. C'est le son des noirs inspirés par la musique des blancs. C'est Chuck Berry qui découvre la musique country au travers de ses tournées des États-Unis.

Le rock 'n' roll, c'est l'idéal moderniste rêvé par les artistes du début du vingtième siècle. Enfin, l'artiste blanc abandonnera son attachement maladif pour l'intellectualisation et laissera enfin son corps exprimer sa vérité.

Pour l'instant, le rock 'n' roller est l'un des marginaux de base de la société américaine. Son look reprend parfois certains atours du biker. Mais le style naissant déploie encore peu de vocabulaire visuel. En effet, le rock 'n' roller ressemble encore souvent à un homme qui porterait des vêtements normaux quoiqu'ébouriffés par l'électricité d'un éventuel concert rock 'n' roll.

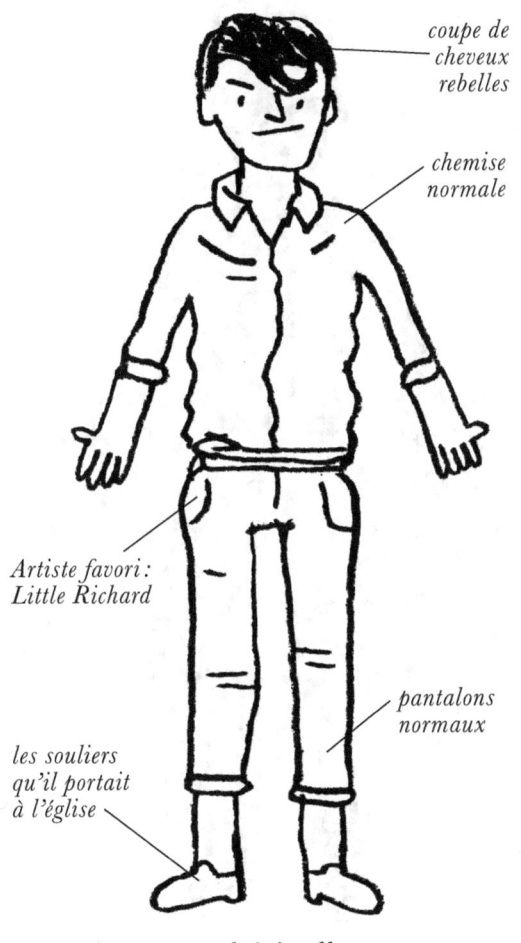

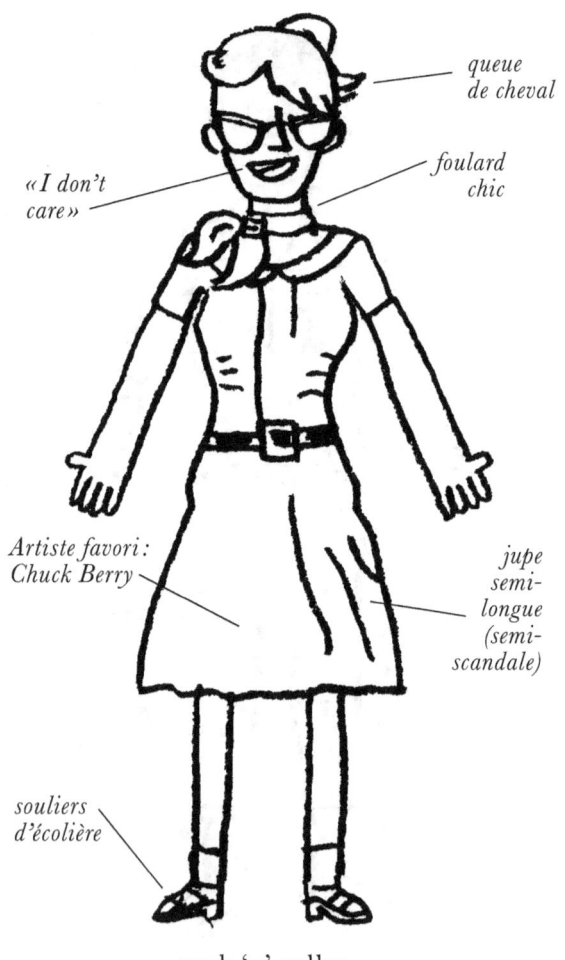

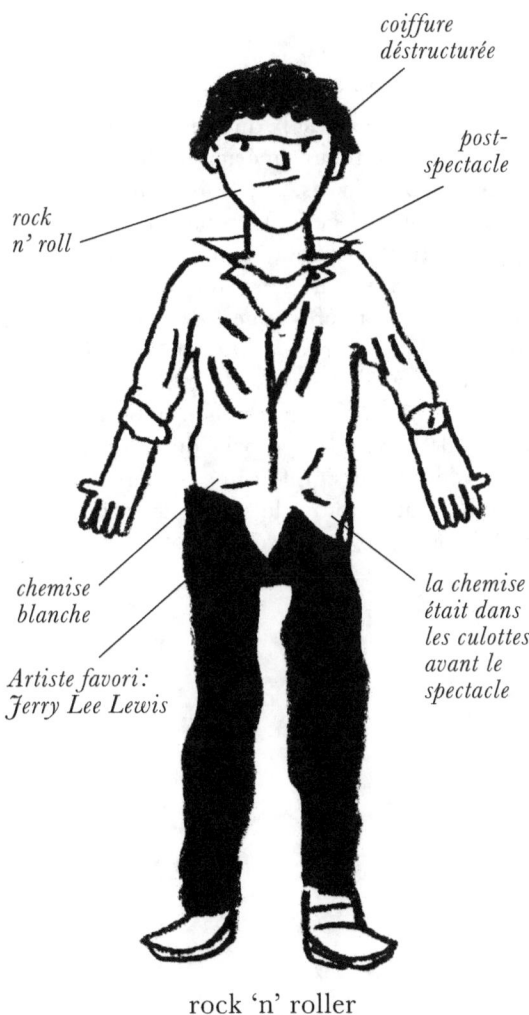

rock 'n' roller

ROCKABILLY
1957

Son nom est une combinaison des termes « rock 'n' roll » et « hillbilly ». C'est la quintessence du look basique du travailleur américain. Bottes, chapeau de cowboy, jeans. Les musiciens de l'époque ont emprunté ce look en parcourant le circuit des salles de spectacle américaines. Le rock 'n' roll naissant s'est accoutré en cowboy durant ses premières années d'existence parce qu'il était joué par les musiciens rythm and blues et country de l'époque.

Ce look simple, à la fois costume et habillement normal de travail sera repris, durant les décennies à venir, pour signifier une recherche d'authenticité, d'un retour à la source du courant rock 'n' roll rural américain.

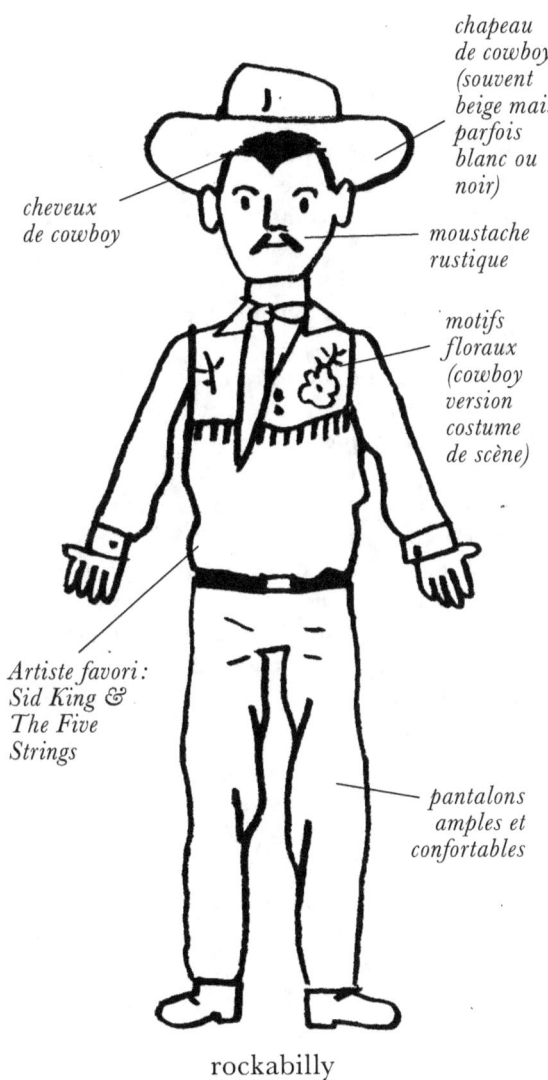

rockabilly

BEATNIK
1958

Typiquement, le beatnik porte des lunettes à monture épaisse, s'intéresse à la philosophie existentialiste française, écoute du jazz, aime les percussions africaines, lit Jack Kerouac et fume.

Semi-politisé, intellectuel, contestaire et libertin, le beatnik est en quelque sorte le précurseur du hippie.

Mais disons-le : la dénomination et l'identification « beatnik » sont avant tout une construction médiatique utilisée pour classer et décrire des ensembles culturels de l'époque. Ces constructions sont souvent bâties sur des mélanges de lieux communs, de préjugés et de connaissances réduites de ce qui anime ces cultures. Comme avec toutes les contre-cultures nommées, les artistes associés à ces noms sont souvent les premiers à les rejeter. Veuillez lire ce livre avec précaution.

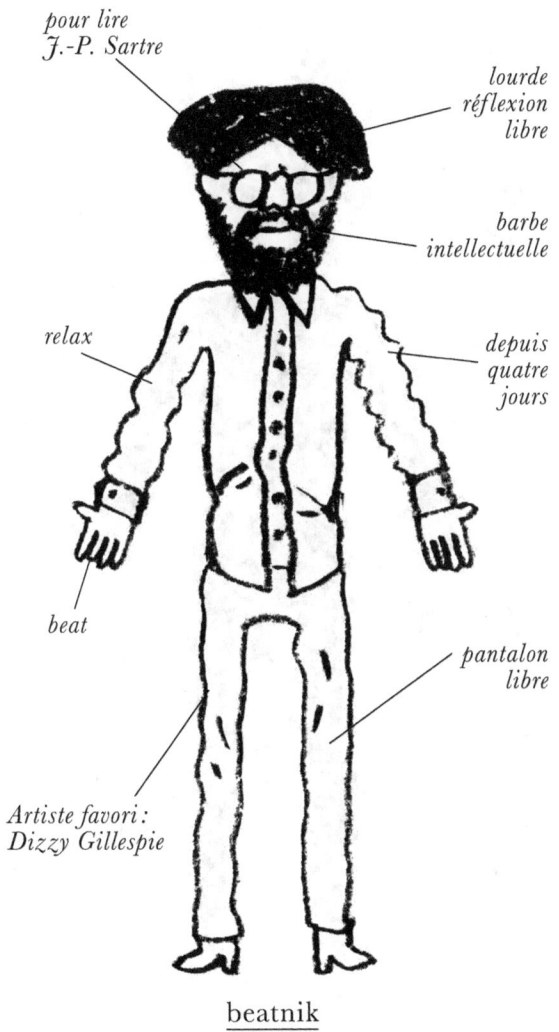

beatnik

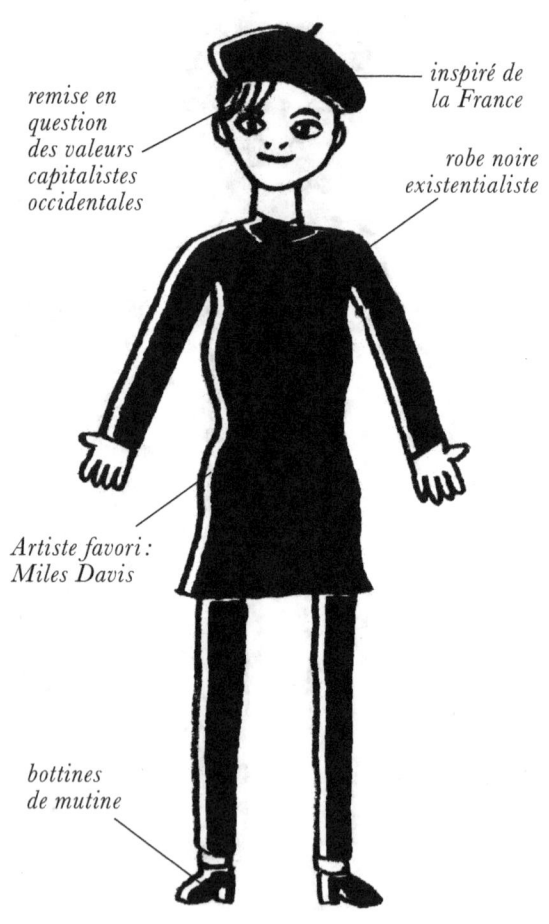

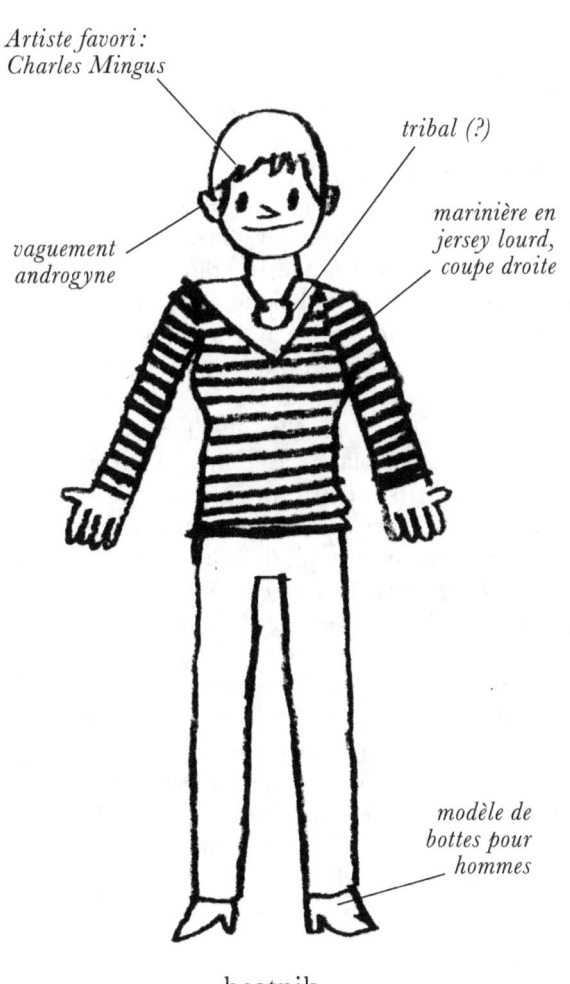

beatnik

GREASER
1959

Selon un article écrit par George J. Leonard et Robert A. Leonard, publié en 2008, le concept du greaser serait une supercherie, une invention créée de toutes pièces.

En 1969, le groupe Sha Na Na se produisait, à Woodstock, en première partie de Jimi Hendrix. Totalement à contre-courant de la culture hard rock psychédélique qui dominait durant le célèbre festival, Sha Na Na présentait une étrange réinvention de la culture et de la musique des années 1950. Des cheveux gominés, des coiffures à la Elvis, des lunettes de soleil et des t-shirts blancs. L'étonnante image d'un passé idéalisé séduit une génération et devient, en quelques années, une représentation favorite des années 1950. Soudainement, après que *Happy days* et *Grease* eurent inscrit leur interprétation de l'époque, le greaser, amoureux des voitures, des cheveux extravagants et du rock 'n' roll, avait supplanté le beatnik comme vecteur de rébellion des années 1950.

Ce look a bel et bien existé durant les années 1950, mais son influence véritable s'établit dans cette nostalgie décalée qui eut cours durant les années 1970 et 1980. Le greaser serait essentiellement une fabrication!

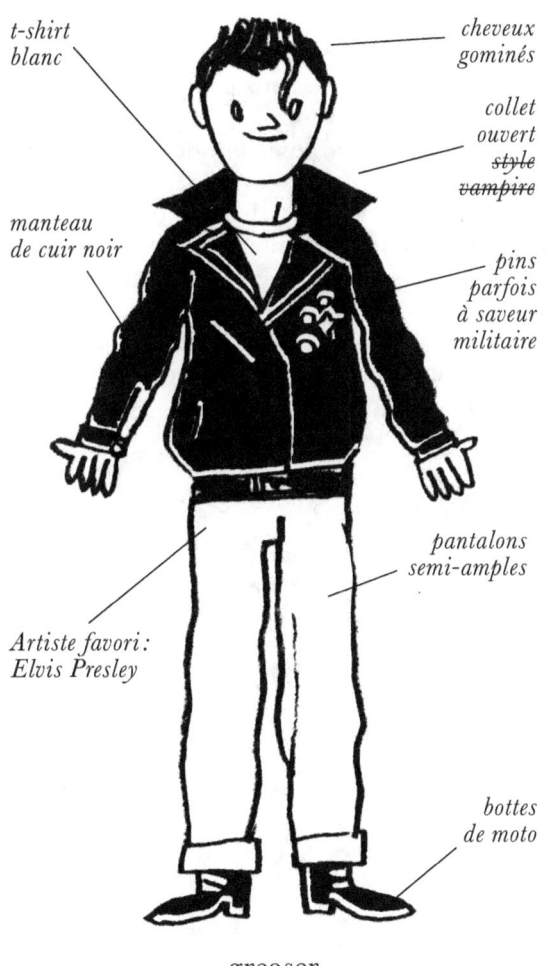

TEDDY BOY / GIRL
1960

Le teddy boy apparut au cours des années 1950 mais continua d'habiter les lieux publics anglais durant les décennies suivantes.

Sa tenue est une copie des habits de l'époque édouardienne anglaise. Leur aspect flamboyant visait une chose : attirer l'attention, les quolibets, les insultes, autant de prétextes pour retourner les affronts, se battre et casser des gueules.

C'est un look typiquement britannique, de cette île où même les délinquants incendiaires ont du panache.

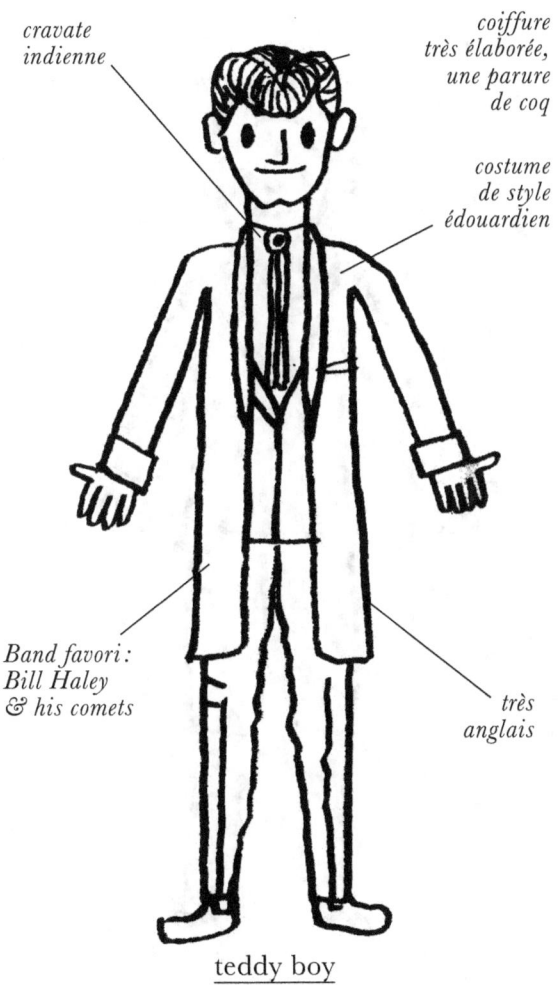

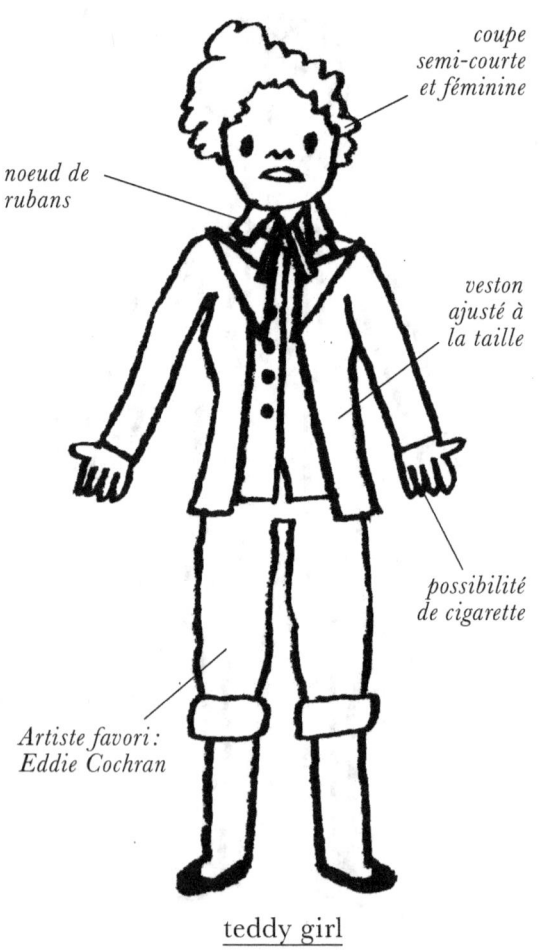

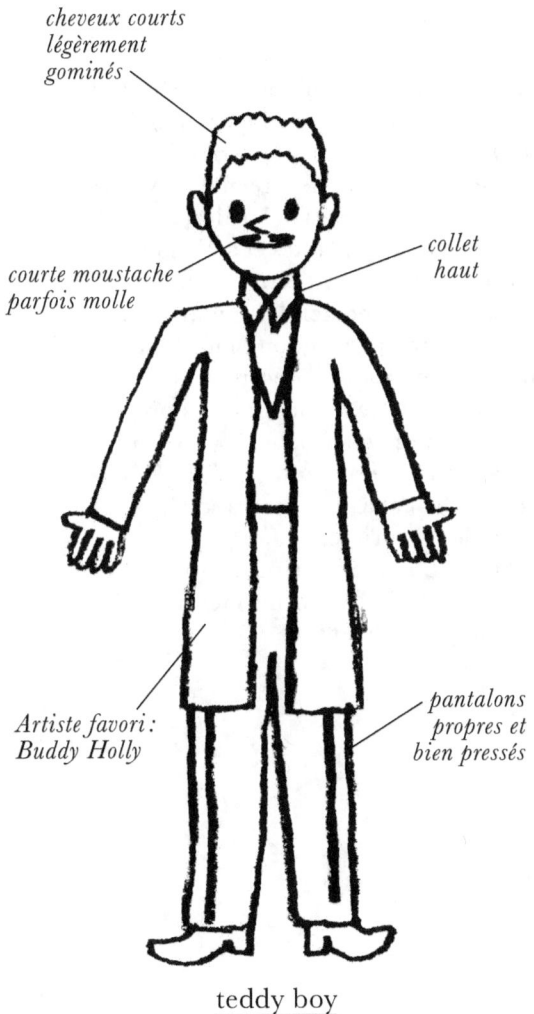

teddy boy

FOLK
1961

Avant que la scène rock hippe de la côte ouest américaine ne domine la musique populaire de la nation, une sous-culture particulièrement vivante animait les rues de Greenwich Village, à New York. Une population locale aux allures bohémiennes, indépendantes et artistiques fréquentait et se produisait dans les nombreux cafés et salles de spectacles du quartier new-yorkais. Les textes des chansons, humoristiques, personnels ou politiques, décrivaient, sur des airs de guitare ou de mandoline, les préoccupations des jeunes de l'époque.

C'est dans ce terreau que Bob Dylan, les Mamas and the Papas et Simon and Garfunkel débutèrent leur carrière.

C'était une continuation naturelle des cultures beatnik, de la bohème éternelle d'une jeunesse en quête d'identité.

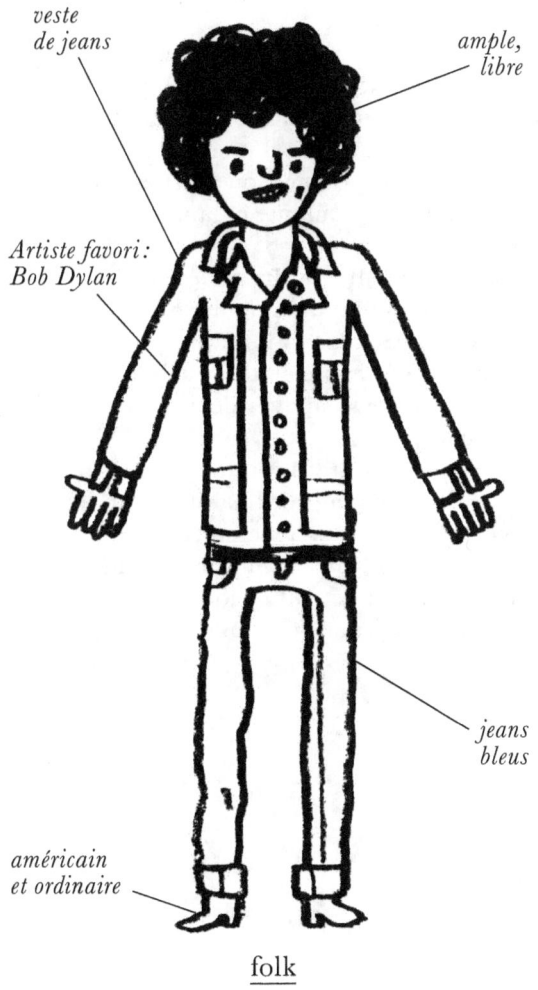

SURF
1962

Issue de la polynésie, particulièrement populaire durant les années 1950 et 1960 en Australie, à Hawaï et en Californie, la culture surf est le culte de la vague parfaite, d'une vie libre et simple sur les plages. La musique surf est une musique rock 'n' roll coulante et langoureuse, cool et légère.

Le style vestimentaire du surfeur a évolué avec les modes tout au long du 20e siècle. Durant les années 1960, alors que le sport connaissait une apothéose en termes de popularité, les Beach Boys conquéraient les ondes radiophoniques.

Le style vestimentaire typique du surfeur des années 1960 mélangeait l'habillement de l'adolescent preppy aux accessoires pop de l'époque et aux habillements du jeune baigneur de base. Le surfeur n'est pas encore tout à fait un rebelle. Il est un jeune qui s'amuse à la plage avec ses amis.

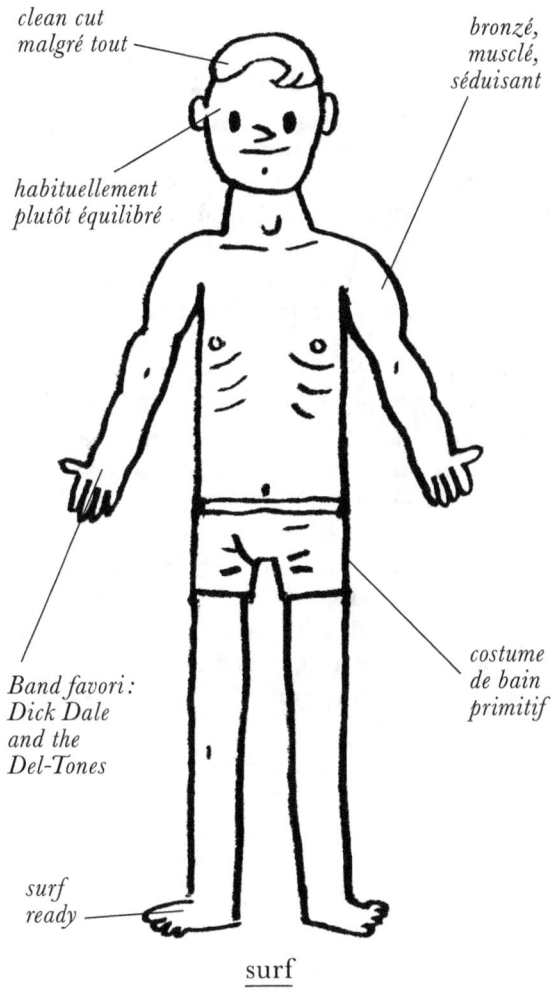

MOD
1963

Trois éléments constituent l'essentiel de la panoplie mod : le costume, la mobilette Vespa et les pilules.

Ces pilules, ce sont les speeds, des amphétamines. Saouls et speedés, les mods aimaient se promener en mobilette dans les rues des villes anglaises, à la recherche des rockers. Lorsqu'ils en trouvaient un, ils tentaient de lui casser la gueule avant que celui-ci ne la leur casse.

Certaines de ces bagarres sont entrées dans la mythologie rock 'n' roll. Sur les plages anglaises, les rockers et les mods, qui n'avaient pas dormi de la nuit, remplis d'amphétamine, se donnaient rendez-vous pour mutuellement se casser la gueule en groupes.

Ce style vestimentaire ne s'implanta pas vraiment aux États-Unis. La petite mobilette et le costume contredisaient probablement les aspirations plus machistes des délinquants américains, qui préféraient s'habiller de cuir et se pavaner en Harley Davidson.

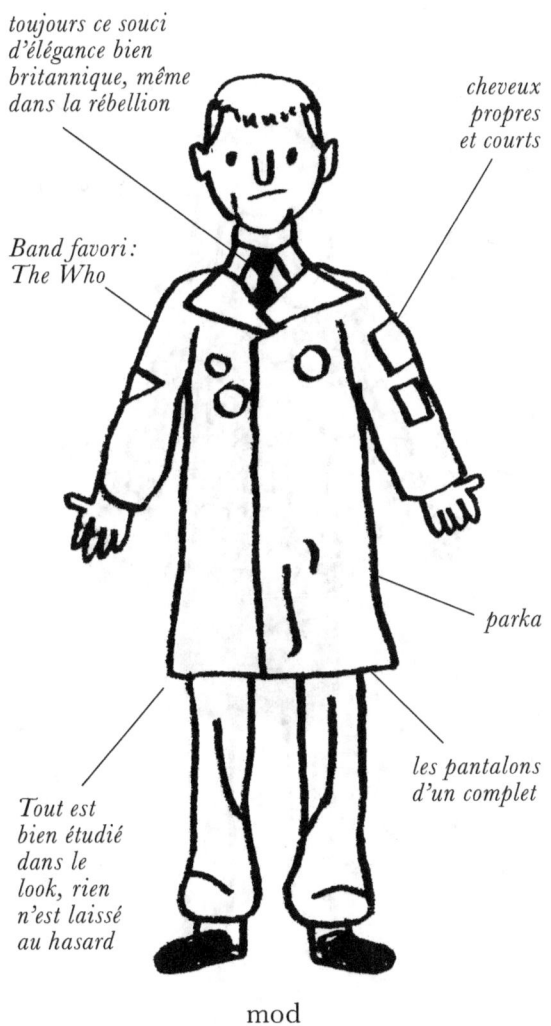

mod

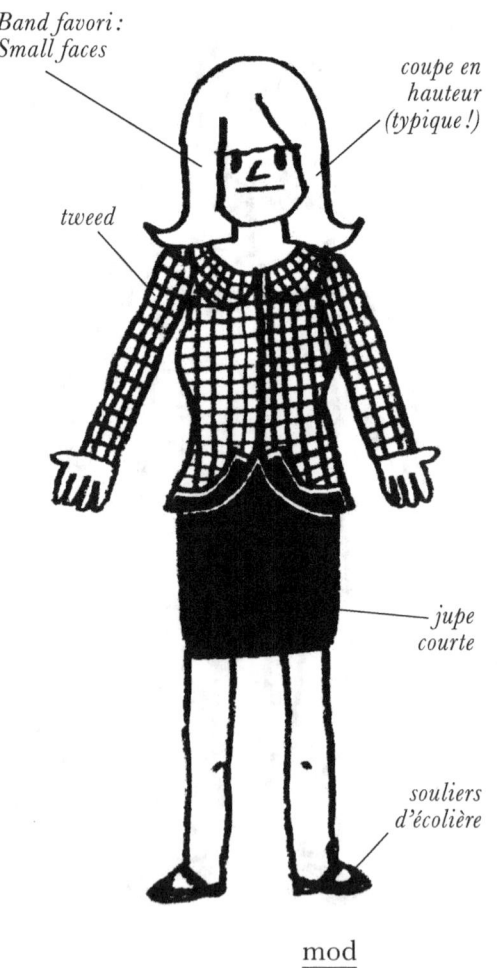

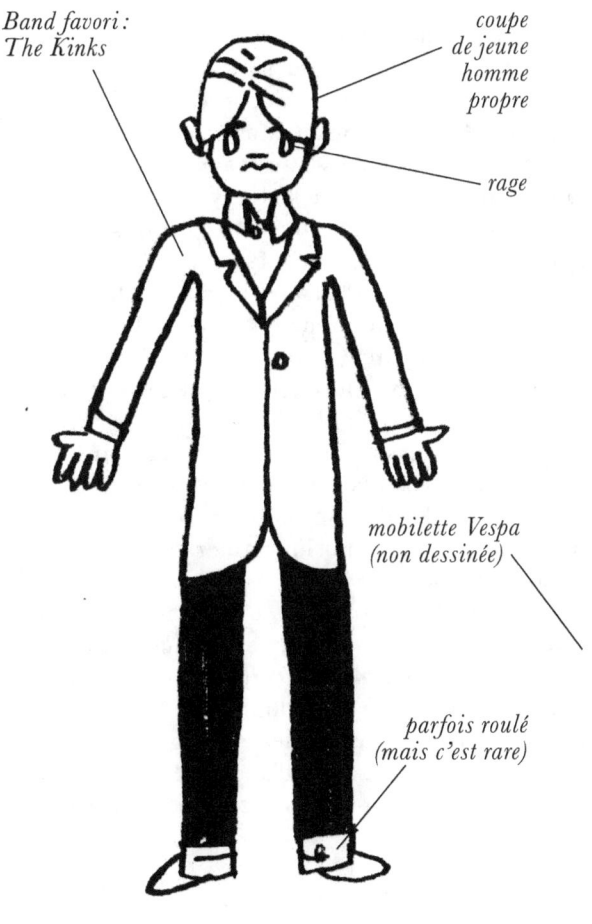

BRITISH INVASION
1964

Depuis la fin des années 1950, le rock 'n' roll semblait perdre sa popularité dans ses terres d'origines. Elvis Presley était conscrit par l'Armée, Buddy Holly mourait dans un écrasement d'avion, Jerry Lee Lewis se mariait avec sa cousine de 13 ans, Chuck Berry était arrêté pour détournement de mineure. Certains des artistes les plus importants de la voix rock 'n' roll se voient obligés d'arrêter leurs activités.

Néanmoins, à la même époque, de l'autre côté de l'Atlantique, les jeunes Anglais de Londres et de Liverpool ont adopté les styles rock 'n' roll et chantent le blues sans complexe, inspirés par leurs prédécesseurs américains. Le succès des Beatles ouvre la porte aux Rolling Stones, Who, Kinks, Animals, et aux Anglais prêts à présenter la musique américaine sous un nouveau jour.

Ce rock 'n' roll, inventé en Amérique puis repris et animé par des Britanniques devait annoncer le début d'une longue conversation entre les deux cultures anglophones. Au cours des prochaines années, elles échangeront les innovations et rivaliseront d'audace pour arracher la couronne du rock 'n' roll des mains de l'autre.

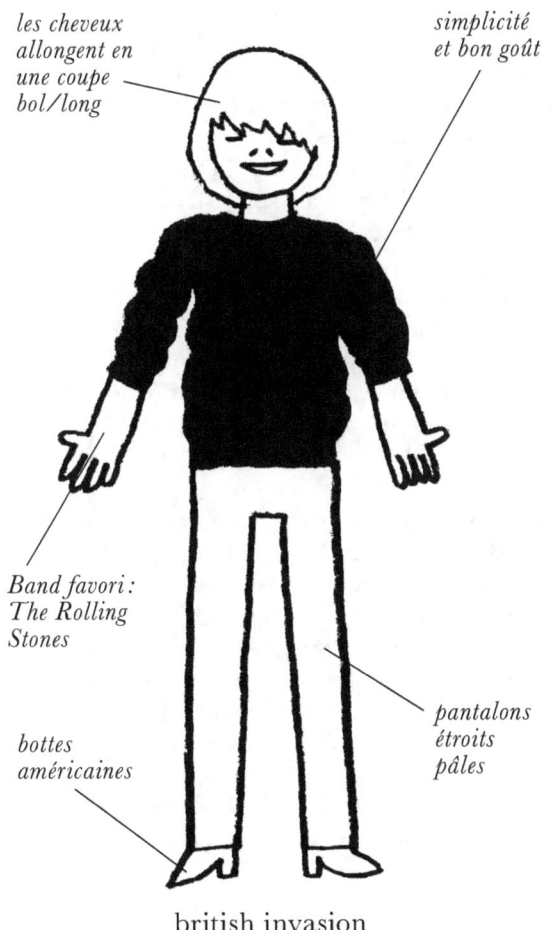

PSYCHEDELIA
1965

En 1963, Timothy Leary, jeune psychologue à Harvard, est renvoyé par l'université. Les méthodes employées durant ses recherches sur les effets psychologiques et thérapeutiques du LSD sont critiquées par l'établissement. Leary continue tout de même ses expérimentations et ses conférences aux États-Unis et dans le monde. Il est arrêté à plusieurs reprises.

Alors que la culture rock 'n' roll envahit le monde occidental, plusieurs musiciens et artistes expérimentent les effets des drogues psychédéliques. En Angleterre, Paul McCartney crée une commotion médiatique lorsqu'il dévoile, candidement, suite à une question directe d'un journaliste, qu'il a lui aussi essayé la fameuse drogue.

Dans son livre *Les portes de la perception*, Aldous Huxley décrit l'expérience psychédélique comme une ouverture des barrières psychologiques qui filtrent et réduisent la réalité, trop complexe pour notre cerveau humain. L'ingestion de LSD permettrait à l'usager de percevoir toute la réalité, sans limites. La mode et l'art inspirés par cette expérience présentent souvent un foisonnement de couleurs, d'effets et de motifs et tentent ainsi de reproduire l'explosion sensorielle provoquée par ces drogues.

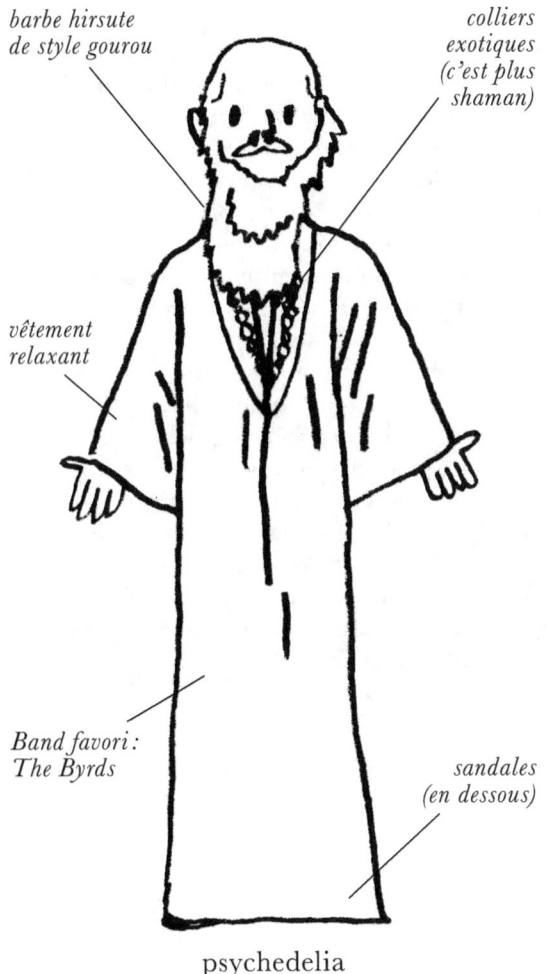

psychedelia

FREAK
1966

Le désir de stabilité des soldats américains revenus de la guerre, la démocratisation de la voiture et une nouvelle idée de la prospérité ont engendré la création des banlieues américaines. Calmes et parfois insulaires, ces espaces ne correspondaient pas toujours aux aspirations identitaires de la jeunesse américaine. Elle voyait souvent dans cette uniformité et cette stabilité une sorte d'hypocrisie, la recherche d'un confort matériel vide de sens.

Face à l'ordinaire de la normalité, le freak exprimait son étrangeté, son unicité, sa couleur. Souvent confondu avec le hippie, le freak présente son apparence vestimentaire comme une déclaration en soit, comme une affirmation de la multiplicité des possibles dans une société libre. Le freak, volontairement ou non, s'est retrouvé à l'extérieur de la société et affirme sa dignité malgré son antagonisme avec les modèles sociaux établis.

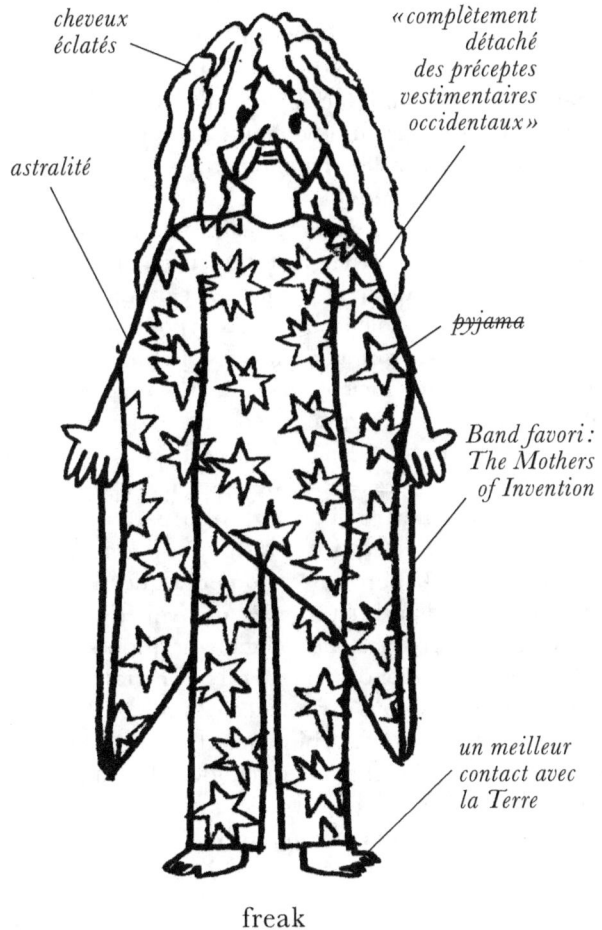

HIPPIE
1967

La révolte hippie s'affubla de fleurs, de couleurs et déifia la Nature. Les slogans appelaient à l'amour et à la paix. Ce discours hippie témoignait moins d'une mièvre naïveté que l'on attribue aujourd'hui au mouvement, mais plutôt d'une véritable révolte, d'une réponse viscérale à la réalité de l'époque.

Depuis 1964, les jeunes Américains étaient conscrits, appelés à tuer et à mourir dans un pays à l'autre bout de la planète. À cette horreur s'ajoutait les violences sociales et politiques de l'époque. Assassinats politiques et émeutes enflammaient une société survoltée sur laquelle planait toujours la menace d'une attaque nucléaire des rivaux soviétiques.

À cela, les hippies répondaient : peace, love, la volonté de mettre fin au gris bureaucratique d'une société qui n'avait pour réponse que les armes, la consommation et la guerre. On cherchait d'autres réponses que celles de l'Occident, on s'ouvrait aux religions asiatiques, à l'art des autres mondes. Il est vrai que certains hippies préconiseront la violence comme outil révolutionnaire mais, typiquement, le hippie est un idéaliste cherchant la quiétude et la paix d'une vie délestée des constructions mentales et sociales de l'humain contemporain.

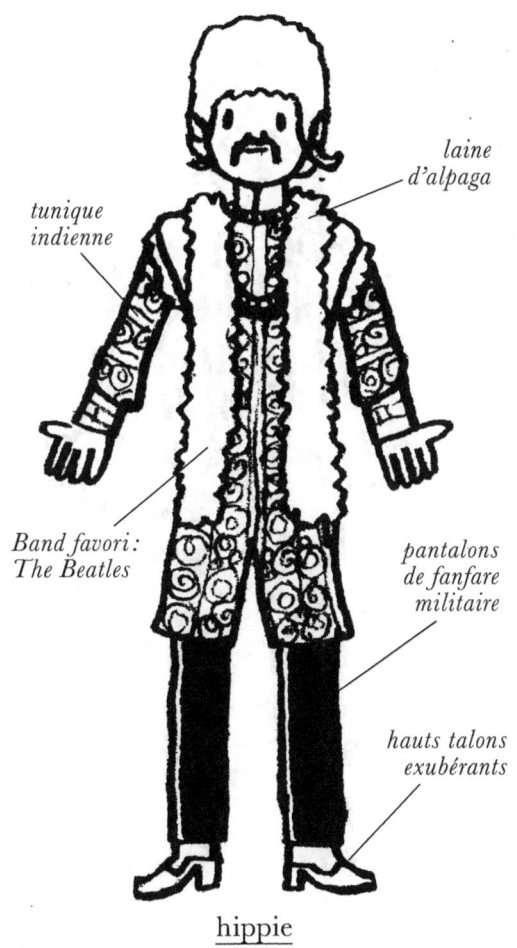

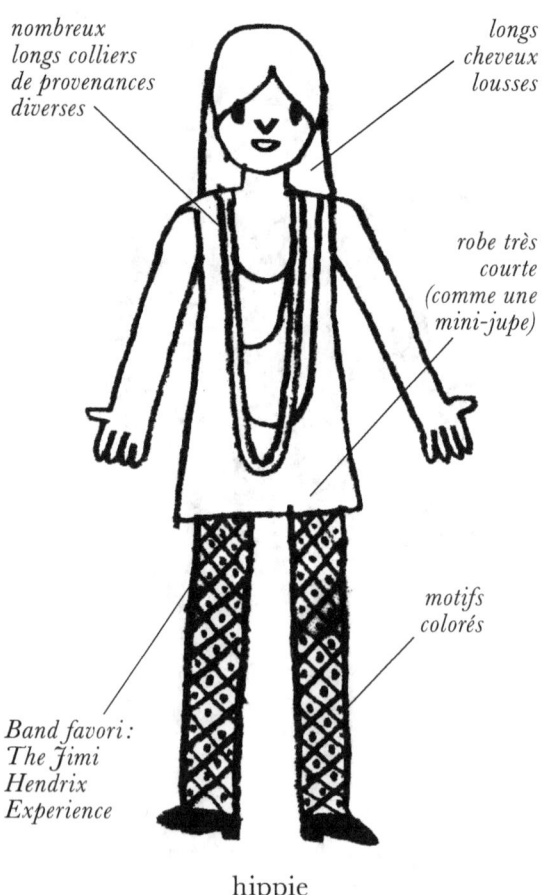

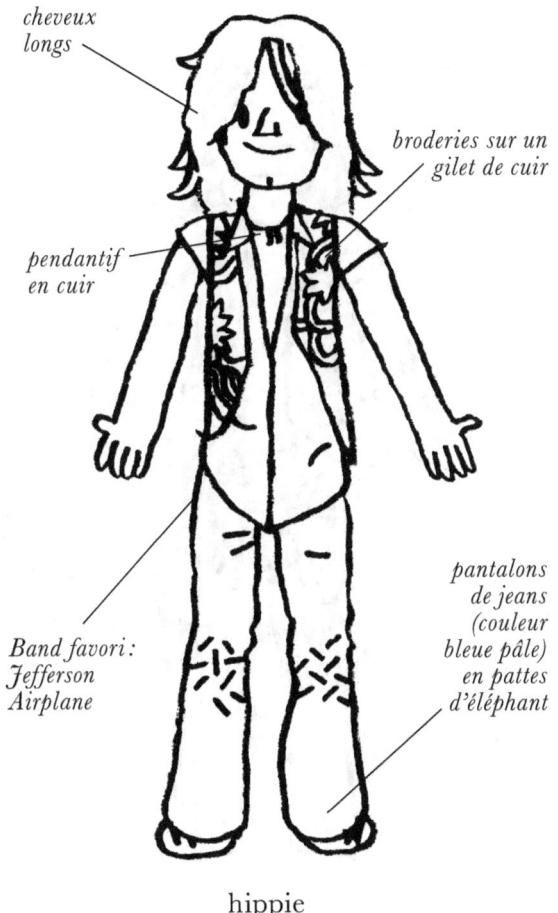

hippie

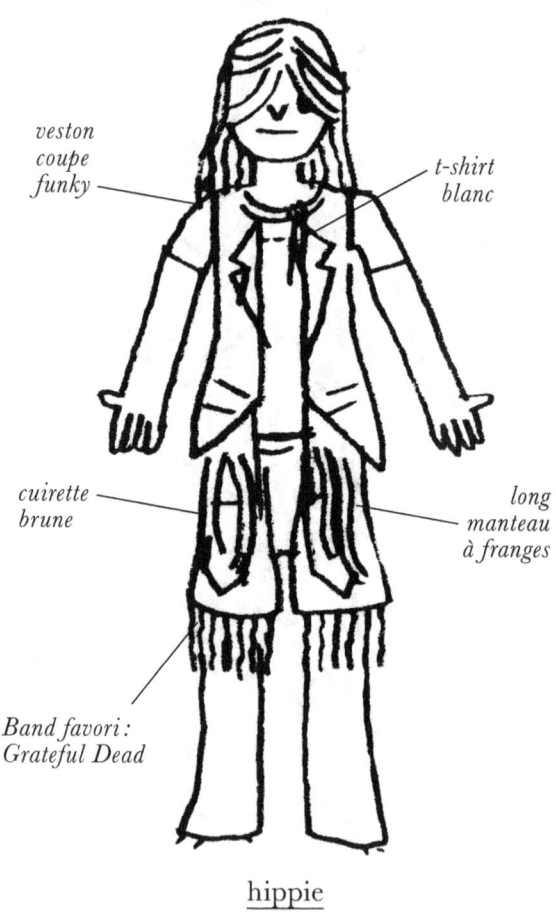

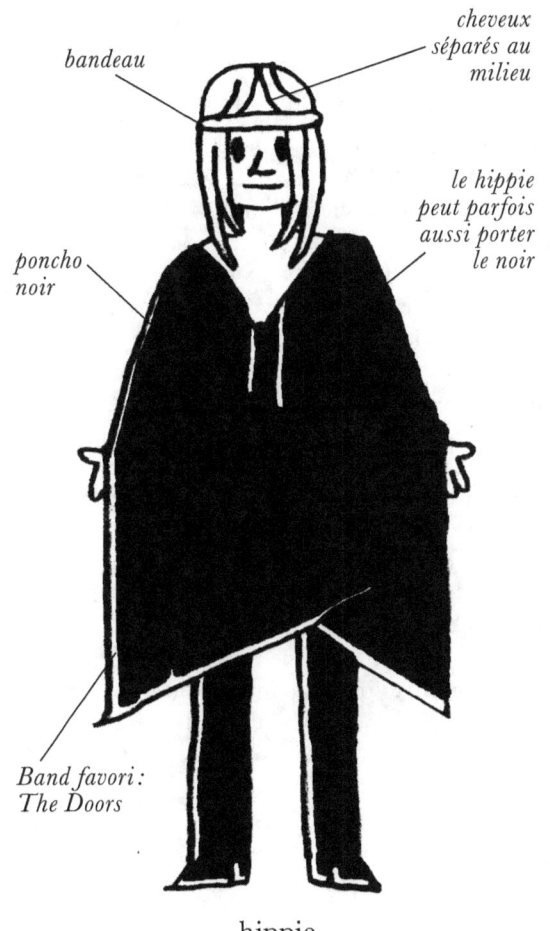

SKINHEAD
1968

Alors que la culture hippie prend d'assaut le cœur et l'âme des jeunes Occidentaux, une nouvelle culture parallèle s'organise et se manifeste dans les rues de l'Angleterre. Issus des quartiers populaires de Londres, les skinheads sont d'abord une ramification de la culture mod. La mode skinhead devient la culture des populations ouvrières anglaises émulant le style, les vêtements et les goûts musicaux de leurs compatriotes jamaïcains. Ils se côtoyaient sur les lieux de travail et dans les salles de danse.

Le style skinhead mélange un désir de construire un look élégant typiquement anglais à la violence de la rue, à une attitude de hooligan et à une certaine fierté de col bleu.

C'est lorsque les médias et la littérature anglaise ont rattaché des tendances racistes au mouvement que les xénophobes se sont approprié le style. Durant les années 1970 et 1980, les racistes, les bornés et les amateurs de bagarres ont emmené ce style vers une affirmation identitaire nationaliste ironiquement bien loin des origines mixtes des quartiers populaires dont il est issu.

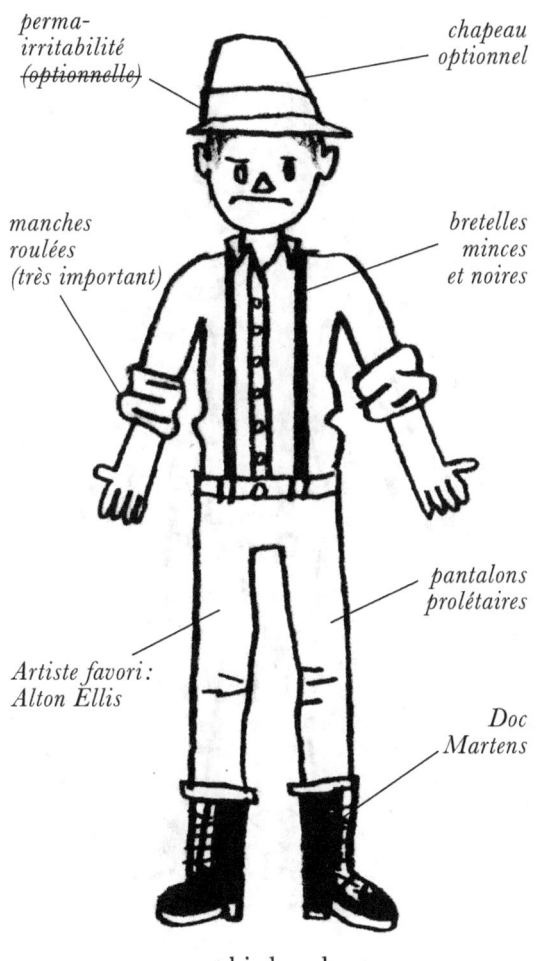

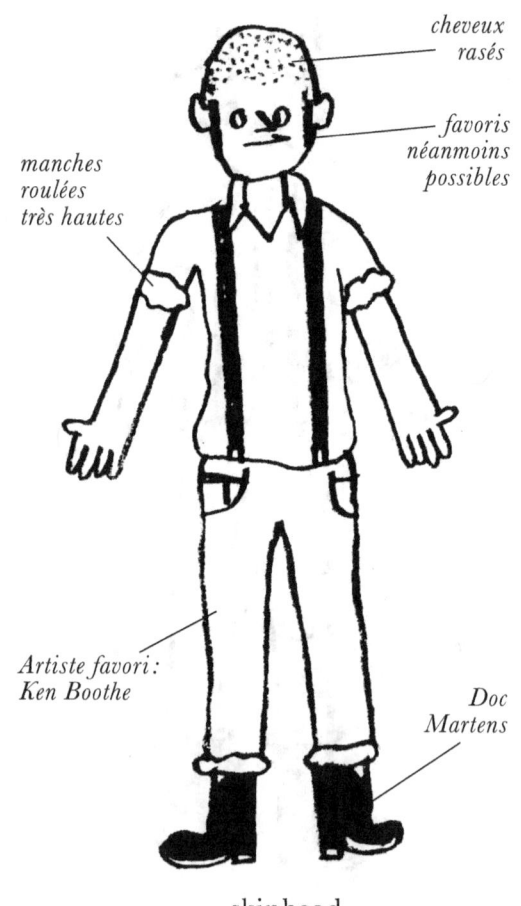

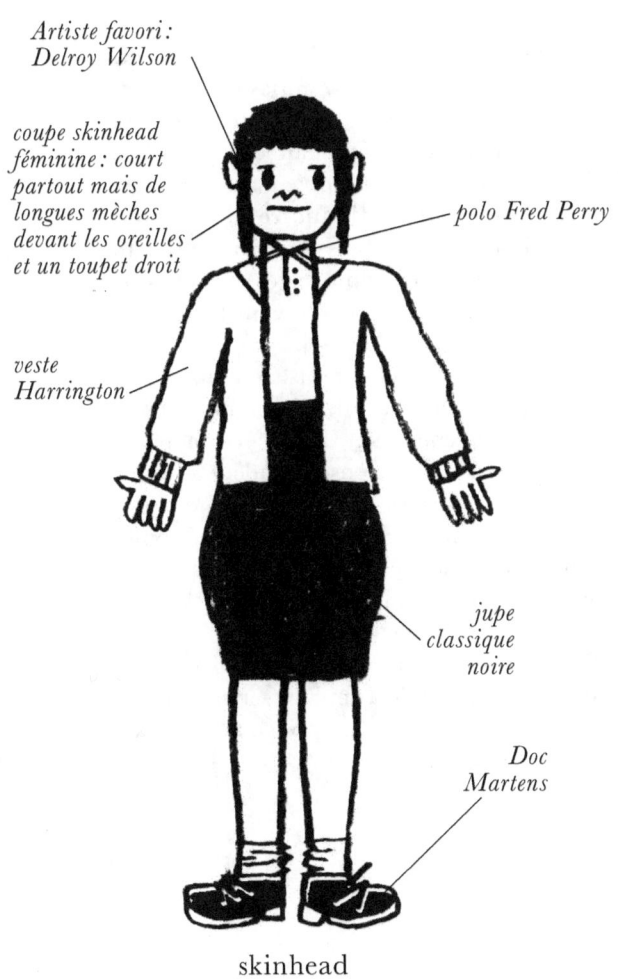

skinhead

YIPPIE
1969

Le yippie est essentiellement un hippie activiste. En décembre 1967 naissait le Youth International Party (YIP). Anti-autorité et anti-guerre, le mouvement reprenait les thématiques typiques du mouvement hippie mais y appliqua une réthorique révolutionnaire qui préconisait l'action et la désobéissance civile devant les forces politiques capitalistes de l'époque. Les attaques yippies sont souvent théâtrales, symboliques.

En 1968, les Yippies organisent un festival de musique à Chicago parallèlement à la convention nationale démocrate. La ville n'émet pas de permis et peu de musiciens répondent à l'appel. Néanmoins, le groupe MC5 se présente et joue ses pièces devant quelques milliers de yippies. La police se présente sur les lieux. Les yippies élisent un cochon comme candidat présidentiel. Le festival se termine en émeute.

En 1970, les Yippies envahiront Disneyland. Ils occuperont l'île de Tom Sawyer et le bâteau du Capitaine Crochet. La police accostera et chassera les intrus.

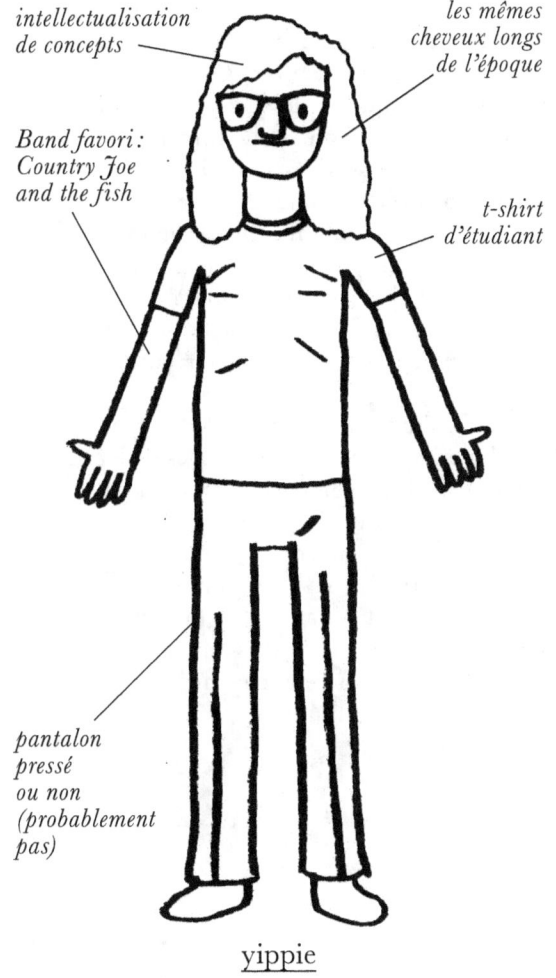

MÉTAL
1970

Le métal naquit en 1970 lorsque Black Sabbath lança leur album éponyme. Ozzy Osborne, leader du groupe, grand fan des Beatles, personnage excentrique de l'industrielle Birmingham (promenant ses chaussures au bout d'une laisse) fonde le groupe avec quelques amis.

Le guitariste Tony Iommi crée un son lourd, basique et menaçant, adapté à son handicap (deux bouts de doigts coupés par une machine industrielle). À la même époque, le batteur Bill Ward croise un démon durant une terreur nocturne.

Inspirés par l'imagerie du cinéma d'horreur, par l'occulte et par le son des machines de leur ville industrielle, le groupe invente un rock destructeur, de condamné.

Black Sabbath conquerra le monde rock et l'Amérique des années 1970, engendrant bon nombre de groupes et de fanatiques qui trouveront leur nouvelle gloire dans les années 1980, lorsque le métal rejoindra complètement le courant dominant de la culture.

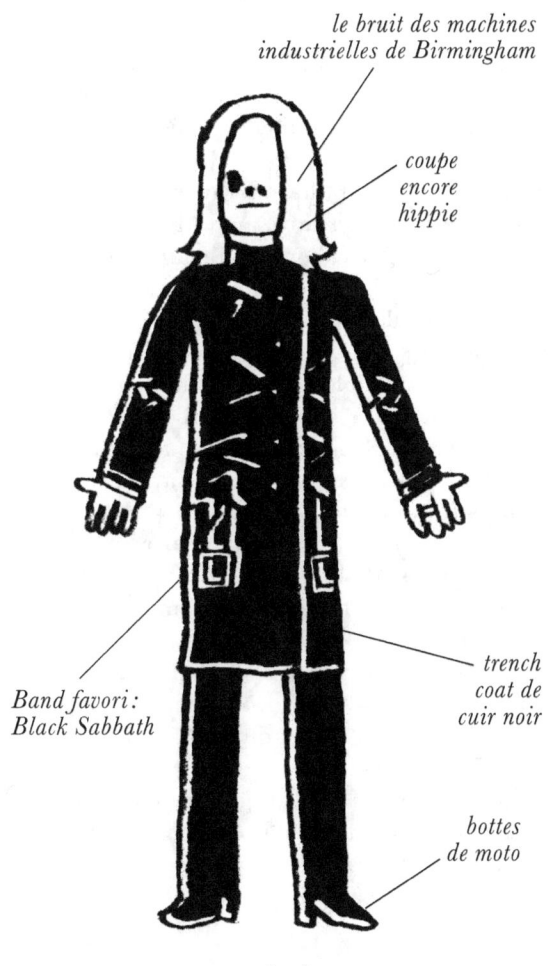

métal

SHOCK ROCK
1971

En 1969, Woodstock survient et exprime en quelque sorte le paroxysme de la culture hippie. La même année, des membres de la secte de Charles Manson, pétés sur les drogues hallucinogènes, massacrent Sharon Tate et ses invités. Quelques mois plus tard, au festival hippie de Altamont, un festivalier dégaine un pistolet et se fait aussitôt poignarder à mort par les Hells Angels responsables de la sécurité.

C'est la fin symbolique du rêve hippie. Une obscurité se déploie sur la culture rock, on explore le côté sombre de l'humain. En Californie, le Roi lézard sonde le drame et exploite la déification des rock stars. Dans le même sillon, Alice Cooper s'inspire des freakshows et conçoit des spectacles remplis de têtes coupées, de monstres et d'horreurs. À Détroit, Iggy Pop, inspiré par les innovations artistiques des Doors, traite ses spectacles avec un même flair, multipliant les frasques, automutilations, acrobaties et provocations. Le rock 'n' roll s'inspire des dédales du Mal et du vice.

En 1970, Jimi Hendrix et Janis Joplin meurent. Jim Morrison les rejoindra en 1971. La valse entre Eros et Thanatos, thème si cher à l'art occidental, devient une part entière des mythologies rock 'n' roll.

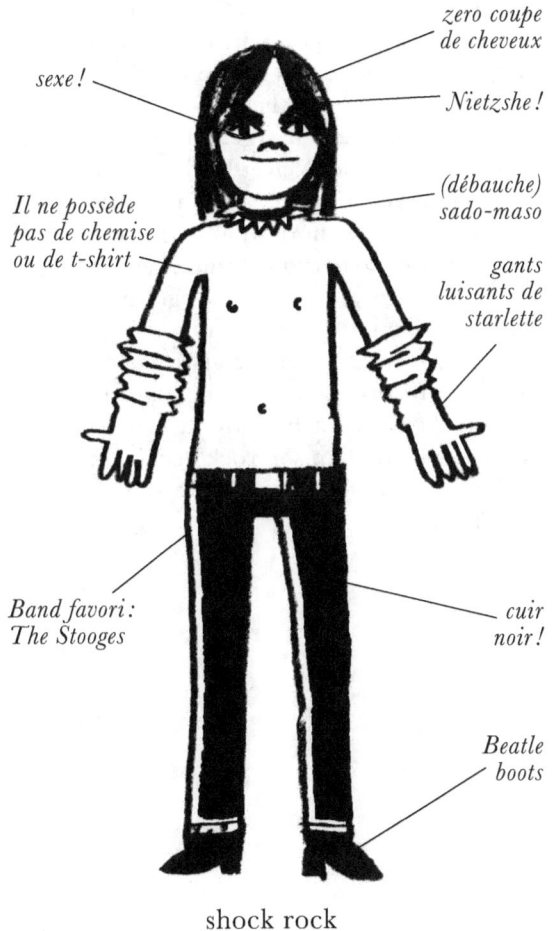

shock rock

GLAM
1972

L'exploration de l'identité sexuelle et du vice par les contre-cultures freak et hippie donne naissance au glam rock. Au début des années 1970, le rock semble ausculter les thèmes sombres et les cultures urbaines de la marge. Sur un rock minimal et percutant, les Velvet Underground placent des paroles décrivant le sexe dans toutes ses formes et le quotidien des paradis artificiels. Inspiré par cette musique brute et évocatrice, David Bowie invente son alter ego Ziggy Stardust, étrange superstar martienne.

Souvent androgyne, ouvert, le glam intègre les cultures et l'imagerie gays au rock 'n' roll. La musique est souvent brutale et crue et exploite la simplicité d'un son rock déchirant, sexy et âpre, préparant ainsi la culture au choc punk imminent.

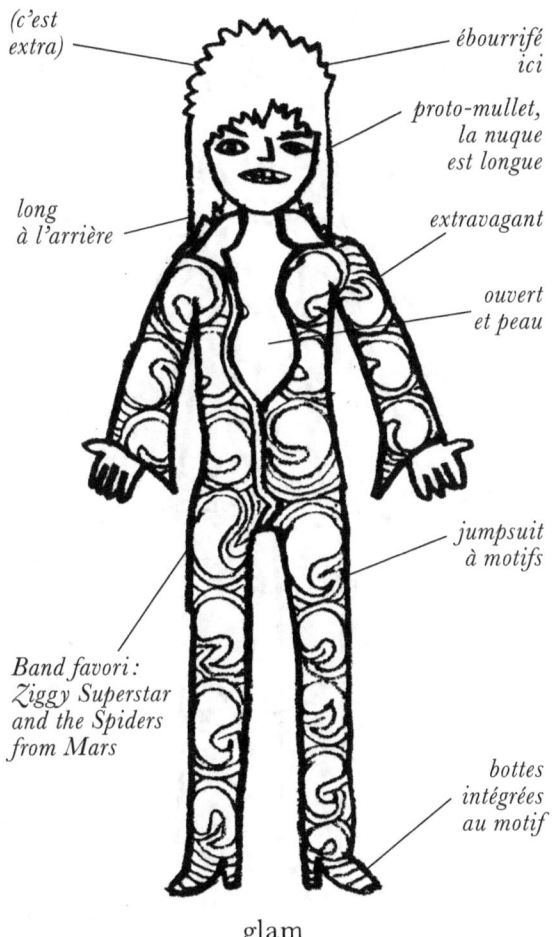

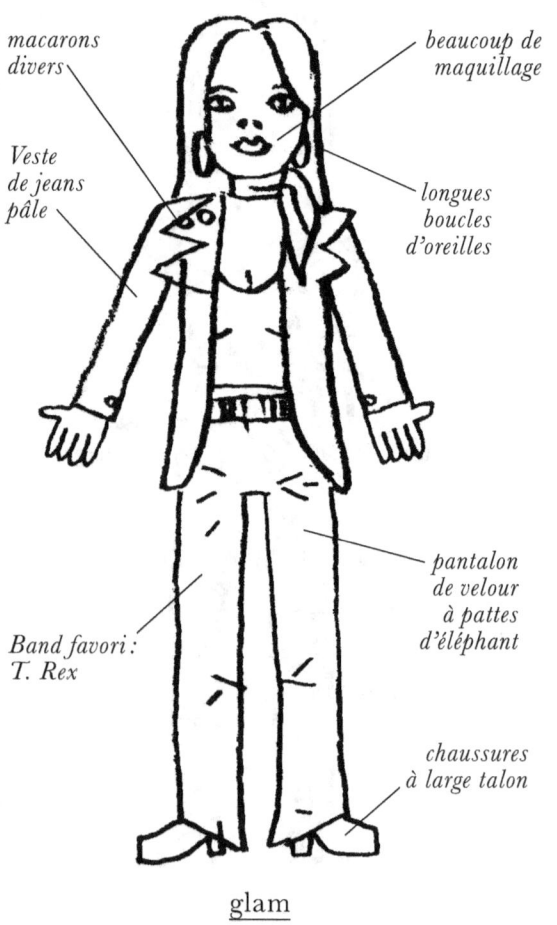

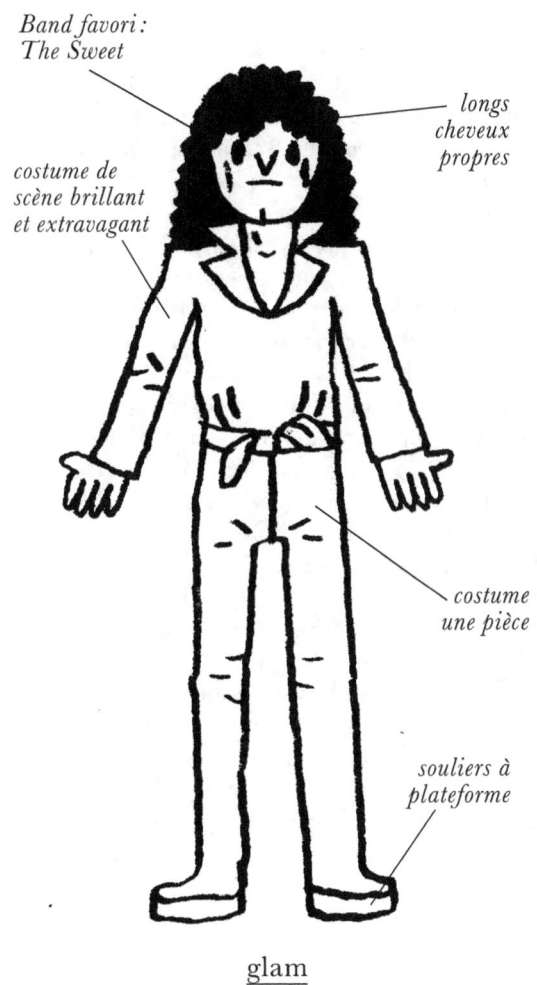

PROG
1973

Prolongement des explorations musicales entreprises par les hippies durant les années 1960, notamment sur des albums tels que *Sgt Pepper's Lonely Heart Club Band* des Beatles ou *Electric Ladyland* de Jimi Hendrix, le progressif est ambitieux, épique, complexe, exploratoire… C'est une expédition intellectuelle au travers des possibilités sonores qu'offrent la technologie, les instrumentations hors normes, les rythmes exotiques et l'expansion des pièces dans le temps. Les albums LP deviennent de longues plages sonores sur lesquelles les ambitions des musiciens peuvent s'étendre. Apparaissent alors nombre de prologues et d'épilogues. Des paysages immenses et psychédéliques sur des pochettes d'albums quadruples ! Des visuels grandioses commissionnés à grand frais à des artistes superstars !

Les Beatles auront bâti leur réputation sur l'idée d'une mutation constante. Cette supposition que l'artiste devait évoluer constamment, voguant d'un état simple vers un état complexe et créant de nouvelles identités à chaque œuvre devient une attente implicite. Plusieurs artistes s'y épuiseront, noyés dans les concepts. Quelques années plus tard, le punk lapidera ces règles.

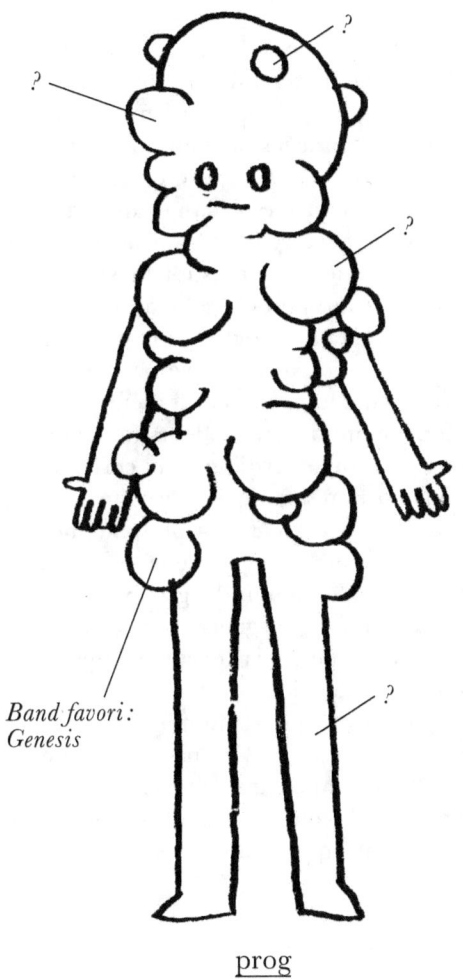

HARD ROCK
1974

Parmi les voies explorées dans l'explosion des genres enclenchée dans les années 1960, l'étude de la distorsion et de la lourdeur a mené à la continuation des avancées déjà entamées par Jimi Hendrix. Crachée, agressante, destructrice, comme une bouffée de sang, un chaos à peine tenu, ça expectore la pulsion sexuelle.

Les guitares deviennent plus lourdes et les rythmes sont brutaux, on cherche à aiguiser l'évocation et la menace rock. Au travers de ce son agressif et violent, on tisse encore les délires oniriques des hippies, mais les références visuelles empruntent désormais leurs images à la mythologie martiale nordique, aux écrits de Tolkien et à la portion satanique et occulte de la théologie chrétienne et des traditions païennes européennes. Démons, valkyries, elfes et titans peuplent désormais les albums des groupes rock. Les hymnes sont des cris de guerre et des appels à la conquête. Conquête territoriale, conquête sexuelle, conquête mystique.

La musique hard rock des années 1970 est une continuation plus brutale du symbolisme des années 1960 et, par ses influences littéraires et son exploration du folklore, elle reste la soeur spirituelle de la musique progressive.

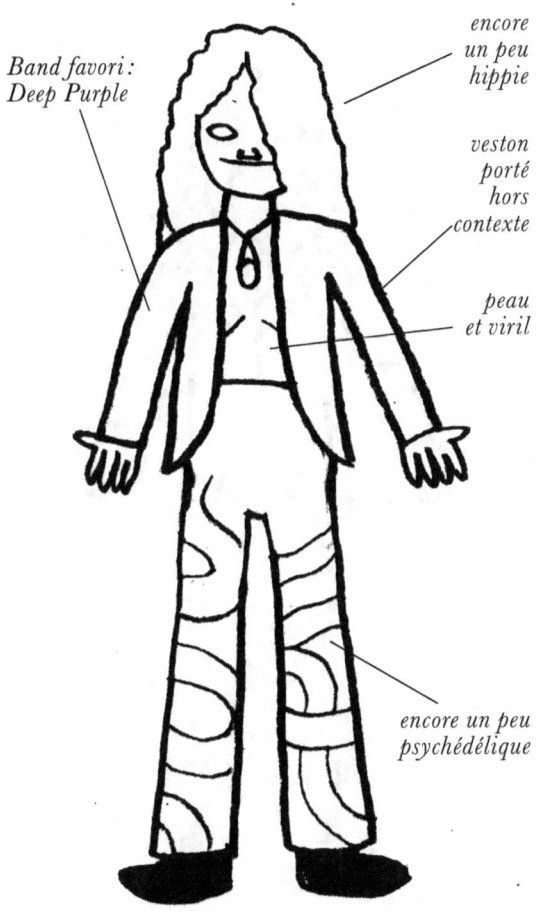

hard rock

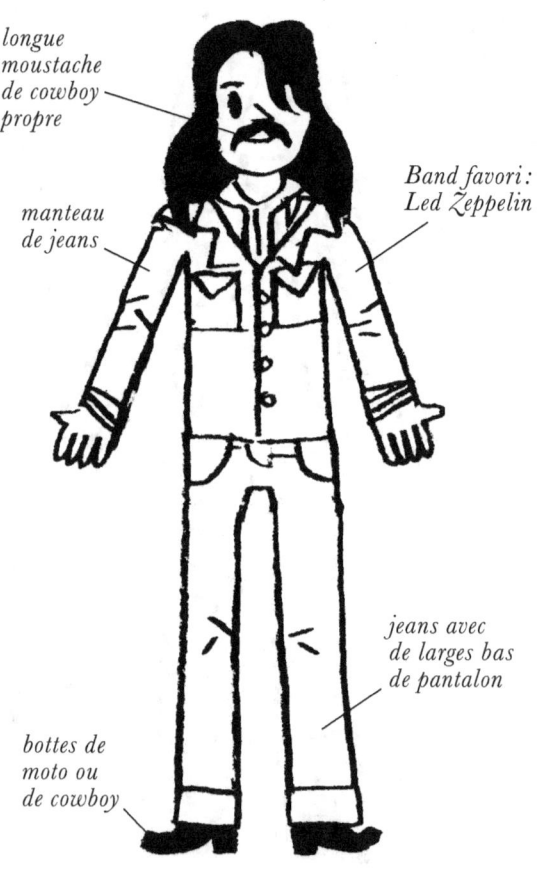

hard rock

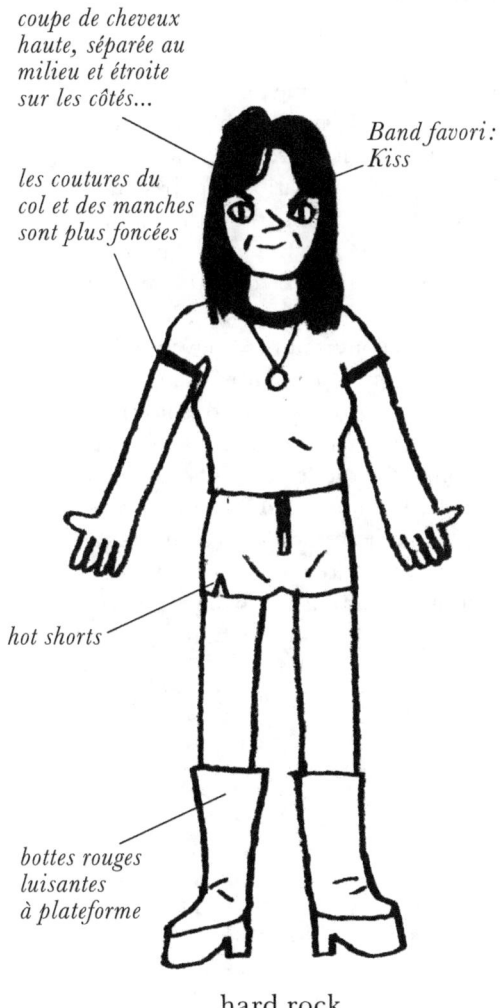

KRAUTROCK
1975

Au lendemain de la deuxième guerre mondiale, l'Allemagne, théâtre d'innommables horreurs, en ruine et divisée, doit reprendre une improbable normalité. Une population déchirée, tantôt victime de ces exactions, tantôt complice, doit tenter de retrouver la banalité d'un quotidien conventionnel. Dans ce climat anormal, durant cette période déconcertante, les musiciens allemands découvrent ces nouveaux instruments électroniques : les synthétiseurs.

Au-delà des sons programmés par les ingénieurs qui avaient créé ces machines, la dislocation et la combinaison de ces effets peut provoquer des aires phoniques inusitées. Bientôt, on ne tente plus de représenter l'organique par l'électronique, mais on recherche plutôt à acérer le synthétique, pour enfin provoquer un son cru, pur et impitoyablement spartiate.

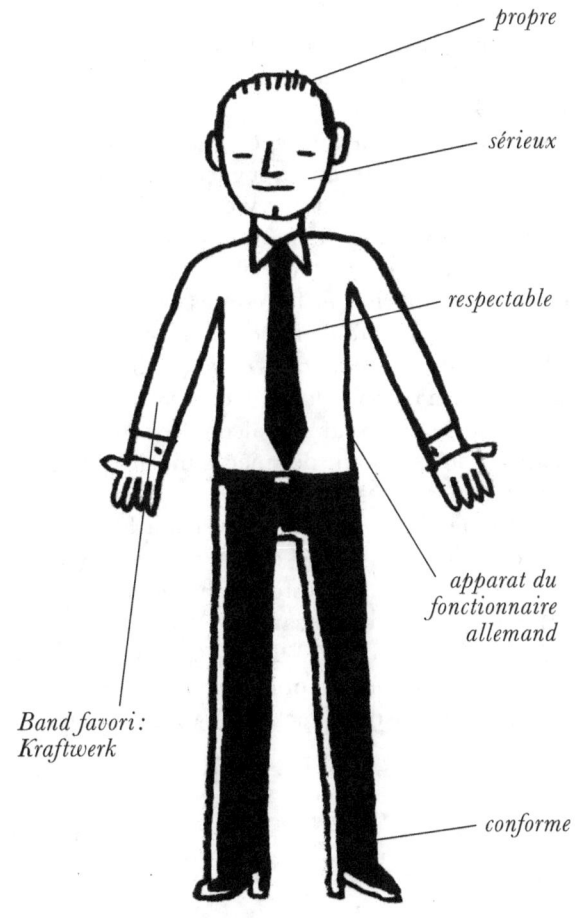

krautrock

SOFT ROCK
1976

La pensée hippie des années 1960 est en partie une incarnation moderne du courant romantique du 19ᵉ siecle. Le rejet de la civilisation occidentale rationaliste, urbaine, industrialiste, bureaucratique, conservatrice et guerrière avait provoqué l'idéalisation d'une vie « simple » à la campagne, dans l'ancienne Europe ou dans l'Amérique sauvage. Sur le vieux continent, on explore les mythes et les contes anciens. En Amérique, on tente de retrouver la simplicité d'une guitare acoustique, on s'habille en cowboy pour imager un album et on rêve à une vieille chaise berçante sur un balcon. Ce retour au réalisme folk produit des pièces musicales aujourd'hui classiques.

À l'époque, cette tendance s'est malheureusement teintée à la fois d'une décadence intoxiquée, complaisante et stupéfiante et par la commercialisation grandissante de la musique rock durant les années 1970. De sages et lucratives balades ampoulées polluent les ondes. On semble avoir castré le rock. Tout est devenu si plaisant.

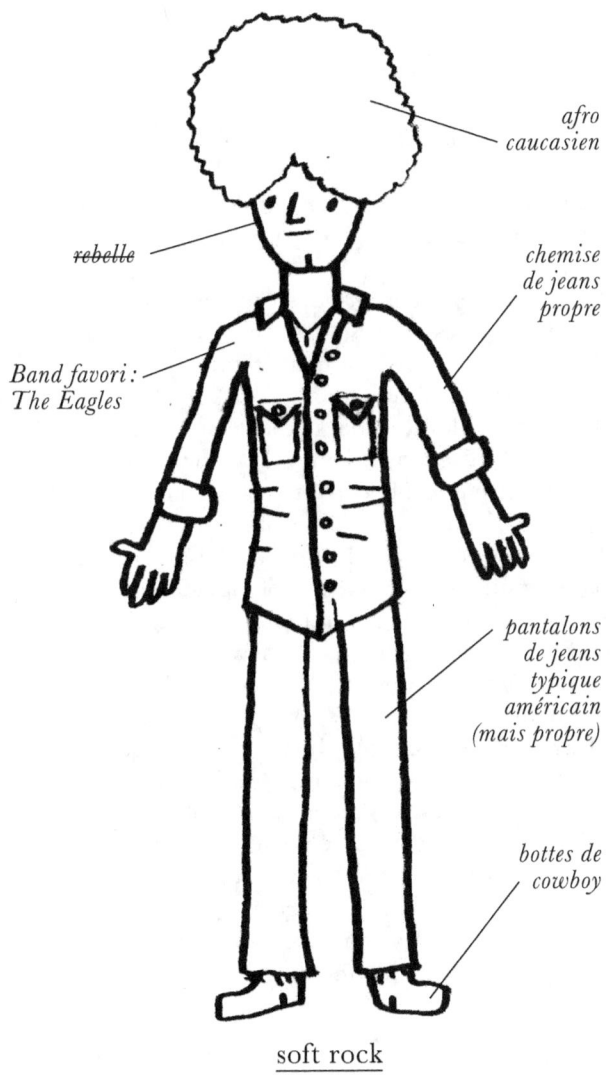

PUNK
1977

En 1977, les villes occidentales sont devenues des dépotoirs à ciel ouvert, des nids déchéants. La musique punk se fera le miroir de cet avilissement. On veut désormais détruire les hippies, attaquer.

Le punk prend d'abord ses racines à New York au début des années 1970. Influencés par le shock rock, par la culture américaine populaire, par le rock 'n' roll des années 1950 et par la décrépitude, les Ramones créent un modèle du rock 'n' roll nu, à l'état brut. Pas de solos. Ils décrivent leur vie, faite d'attaques à coups de bâton de baseball et de sniffage de colle.

Les Ramones se produisent au CBGB et, dans leurs sillons, se développeront les identités musicales de toute une génération. L'appellation «punk», tirée du nom d'un zine new-yorkais de l'époque, devient l'appellation de cette culture.

À Londres, Vivienne Westwood et Malcolm McLaren rêvent de révolution culturelle. Ils remplissent leur boutique de mode d'un arsenal sado-maso qui s'ajoutera au look. Pour publiciser leur boutique, ils créent et habillent le groupe Sex Pistols. En Angleterre, les punks scandalisent leur nation. Ils portent le swastika, blasphèment à la télévision, crachent et imitent le désagrègement social ambiant.

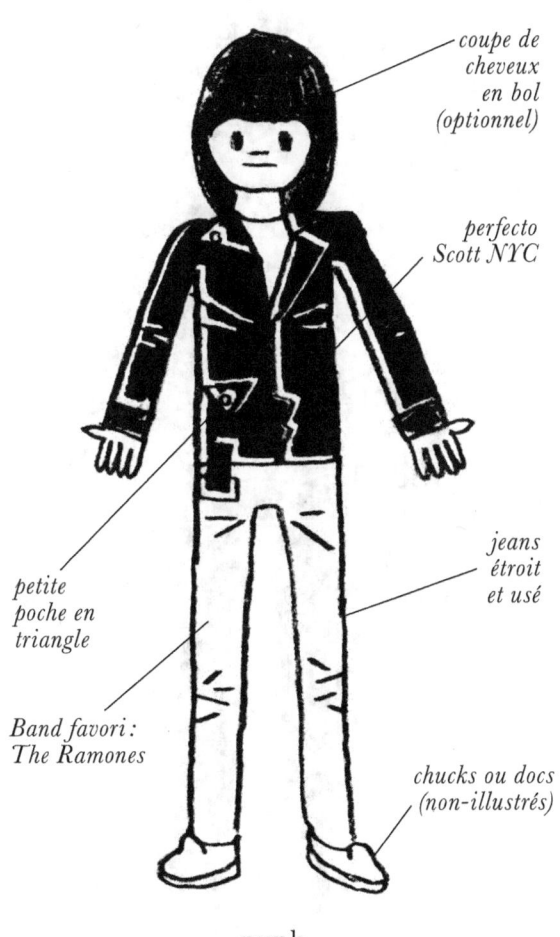

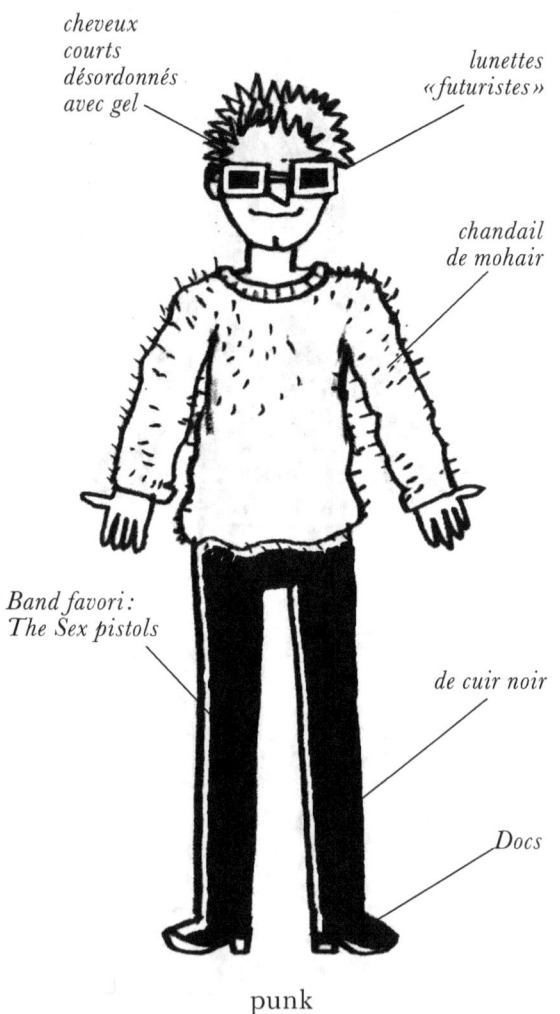

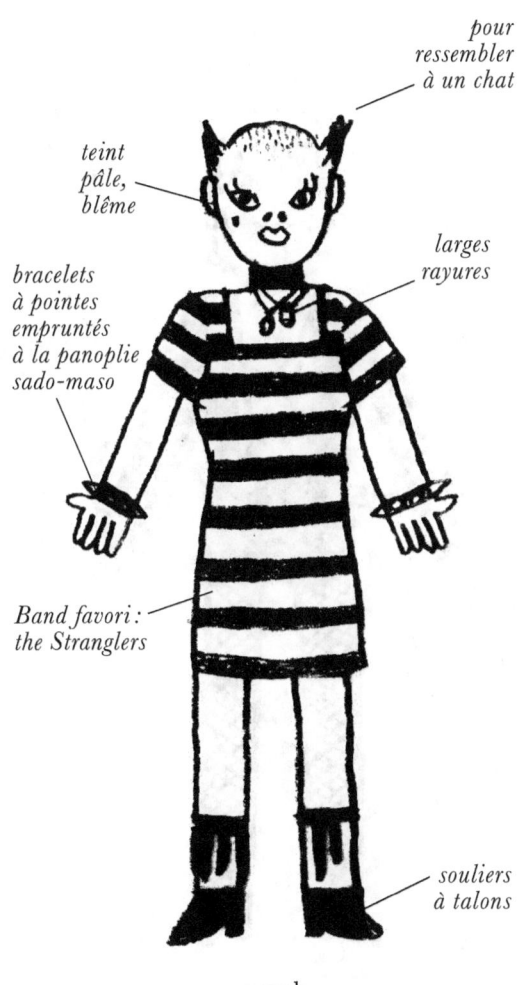

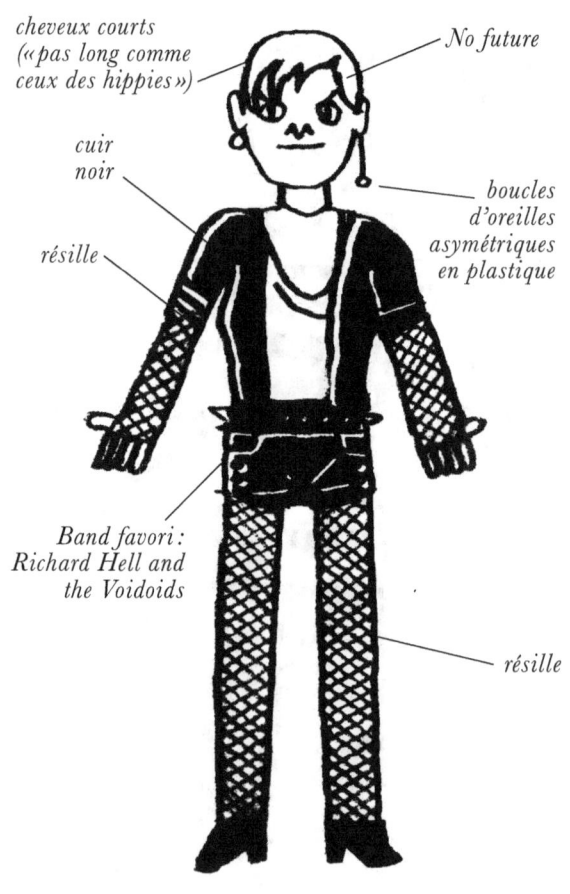

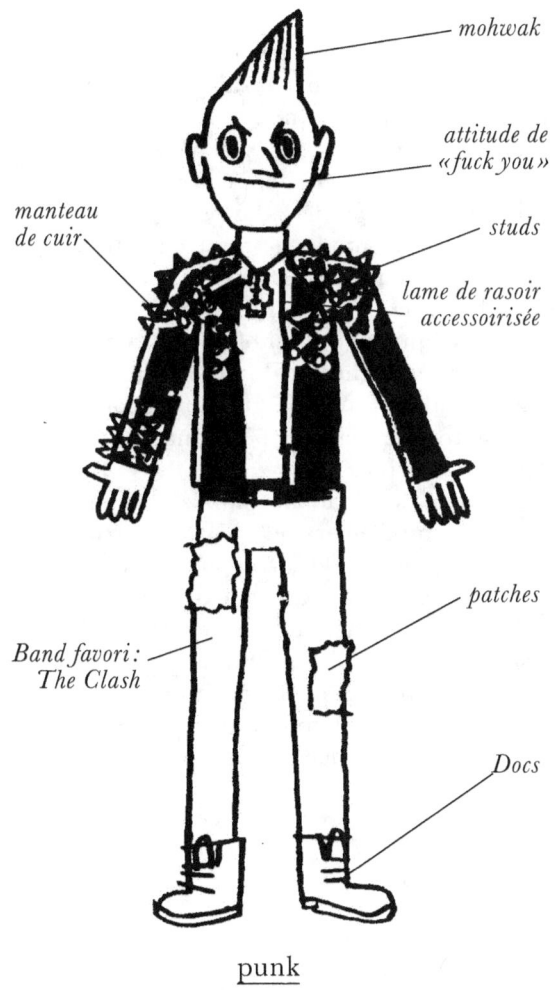

GOTH PUNK
1978

Plutôt que de se dégager des horreurs de la modernité, le punk les embrassait pour mieux les sublimer. Durant les années 1970, les skateurs californiens, par leurs perfomances, avaient transformé le béton des villes en pièces d'art. De la même manière, les punks auront assimilé le poison moderne pour ensuite le déployer, le prononcer esthétiquement. Le laid devenait beau, la corrosion et l'avilissement devenaient exquis et on semblait ainsi enfin adresser honnêtement la calomnie humaine. Une vision réaliste crue et pugnace remplaçait le monde autre, idéal et champêtre imaginé par le hippie.

L'horreur et de décadence punks s'enchaînèrent ainsi naturellement vers des trames morbides, une exploration des zones obscures de l'Être. Le look punk s'est attriqué de noir, s'est affublé du mascara déjà utilisé par les glams et les shock rockers. Il emprunta un terme de l'Histoire architecturale pour conjurer l'ambiance morbide et solennelle des anciennes églises. Il devint gothique.

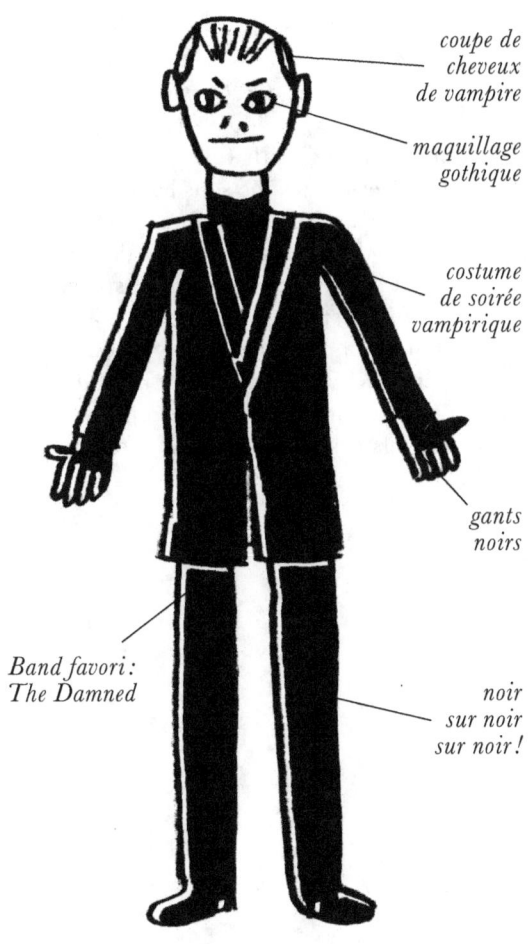

goth punk

SYNTH POP
1979

Les synthétiseurs dévoilaient leur étrange capacité à créer des sons carrés et tranchants. Une brutale austérité.

Des groupes comme Kraftwerk présenteront éventuellement cette musique sous les apparats d'hommes devenus robots, de robots singeant les hommes. Gary Numan s'accoutrera de complet-cravates et d'une scénographie inspirées de dystopies futuristes oppressantes. Par le dépouillement de la musique électronique, on rejoint le réalisme et la célébration de la modernité offerte par la culture punk contemporaine. On présente l'austérité et la normalité comme ultime dissidence.

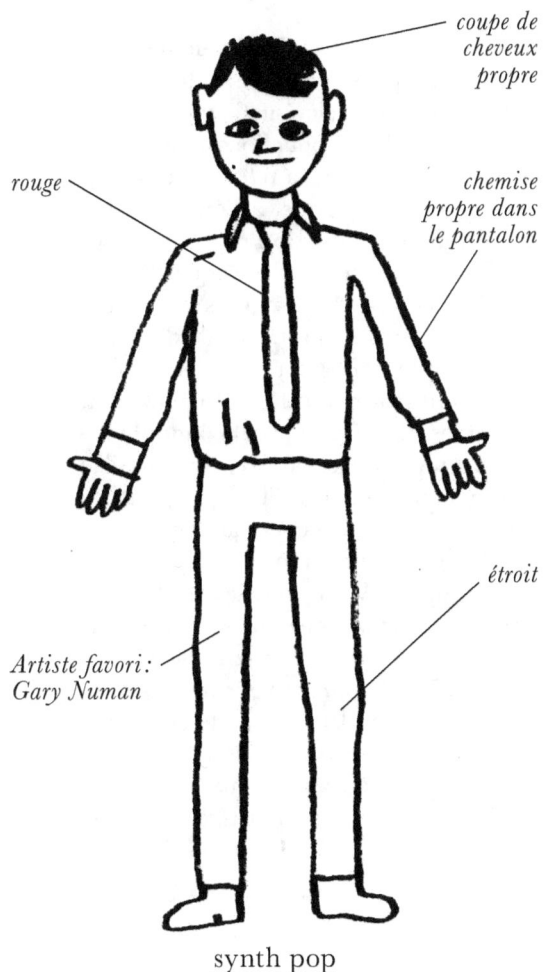

NEW ROMANTIC
1980

Au début des années 1980, MTV touchait terre et se diffusait sur les téléviseurs des jeunes Américains. La chaîne télévisuelle spécialisée a besoin de contenu. Les productions américaines originales sont rares. Or, la télévision britannique avait déjà développé, à l'époque, une jeune tradition de production de courts clips présentant les artistes et leur musique. Depuis les débuts du rock 'n' roll, les artistes anglais ont démontré une ambition plus théâtrale dans leur présentation de la musique rock 'n' roll, multipliant costumes et maquillages, mélangeant les genres et les signes. L'approche américaine était souvent plus conservatrice, minimaliste et soucieuse de bien séparer l'image macho du chanteur rock des artifices et maquillages, habituellement réservés aux femmes.

Ainsi, lorsque MTV récupère les productions musicales anglaises pour meubler ses ondes, elle présente par le fait même une tendance musicale et vestimentaire particulièrement britannique. Coiffures amplifiées par les produits pour les cheveux, tenues théâtrales, androgynie. Ces new romantics séduisent une nouvelle génération qui développe son identité et sa vision du monde par la télévision. Le rock 'n' roll est aussi un art visuel.

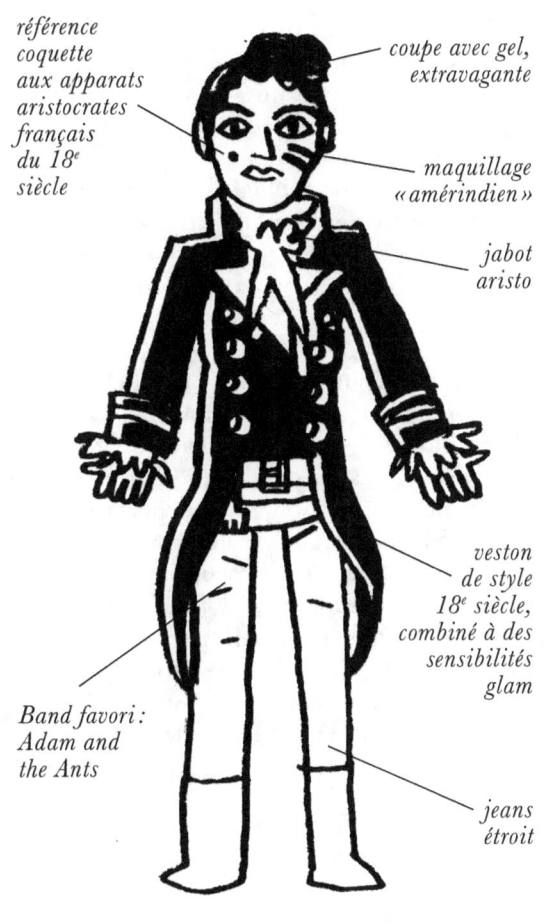

new romantic

POST PUNK
1981

Le punk fut une réinitialisation de l'espace musical rock, un changement de paradigme qui imposa un « avant » et un « après » à tous les groupes musicaux de l'époque. Le rock des années 1970 et sa présentation, les rappels aux hallucinations et à la mythologie, les cheveux longs et la démesure devaient disparaître pour un moment. Bien des artistes se retrouvèrent soudainement obsolètes et anachroniques, balayés. Par ce vacuum s'engouffrèrent les artistes en marge.

Suite à la rupture punk, deux réponses furent possibles : renchérir sur les costumes et sur les excès scéniques jusqu'à la caricature... ou alors aller dans l'autre direction et célébrer la banalité. Le post punk supplante le choc stylistique du punk et du glam par une normalité vestimentaire assumée. C'est le choc ultime, la vérité, le *do it yourself* suprême. Le rock 'n' roll devait dès lors balancer entre la théâtralisation amorcée par le shock rock et le réalisme de la normalité, l'extravagance des costumes de scène contre l'ordinaire des vêtements de tous les jours.

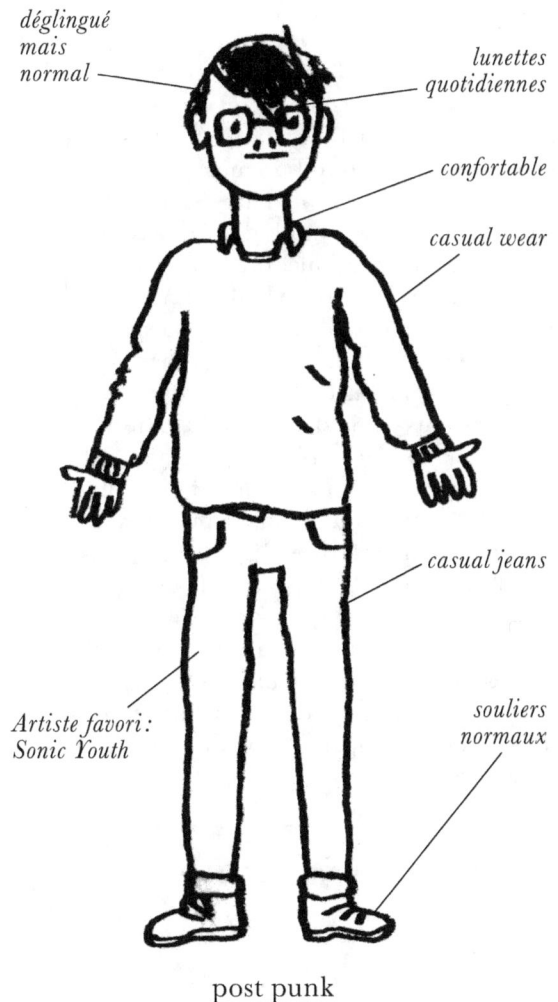

HARDCORE
1982

Durant les années 1980, alors qu'une certaine forme de musique pop comblait les ondes radiophoniques et télévisuelles, aux États-Unis, un vaste réseau underground de musiciens et de salles prêtes à les accueillir entretenait l'élan débuté par la musique punk des années précédentes. Souvent politique, présentant volontiers des messages sociaux de manière agressive et revendicatrice, cette musique retrouvait la même passion et la même contemporanéité que l'influx punk originel. Les jeunes groupes ont sillonné les États-Unis sans relâche, dans des réseaux musicaux qui n'offraient, la plupart du temps, que peu de rétributions monétaires substantielles. Ce feu a couvé sous le mainstream américain durant les années 1980 pour finalement exploser par la scène grunge du début des années 1990.

Comme *wave* et *punk*, le terme *core* deviendra éventuellement un suffixe employé pour nommer les styles futurs, dénotant surtout une certaine intensité empruntée à l'attaque de la musique hardcore.

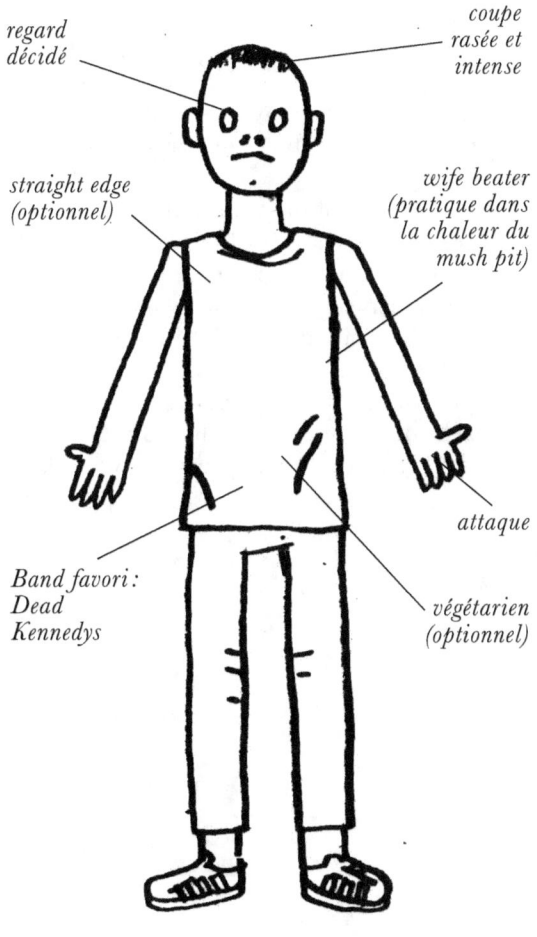

hardcore

PSYCHOBILLY
1983

Les Ramones retournaient à une musique rock 'n' roll primitive et basique. Les tendances postmodernes de l'époque invitaient à l'emploi ludique des signes et symboles des origines du rock 'n' roll.

La tendance psychobilly reprenait ainsi la musique rockabilly des années 1950 et y ajouta une rocambolesque saveur inspirée du cinéma d'horreur de la même époque. Facétieuse mais intense, elle glorifiait la base immuable de l'énergie rock 'n' roll.

La réappropriation des codes passés entamée par les punks trouve une expression idéale dans la nostalgie et les méthodes du psychobilly.

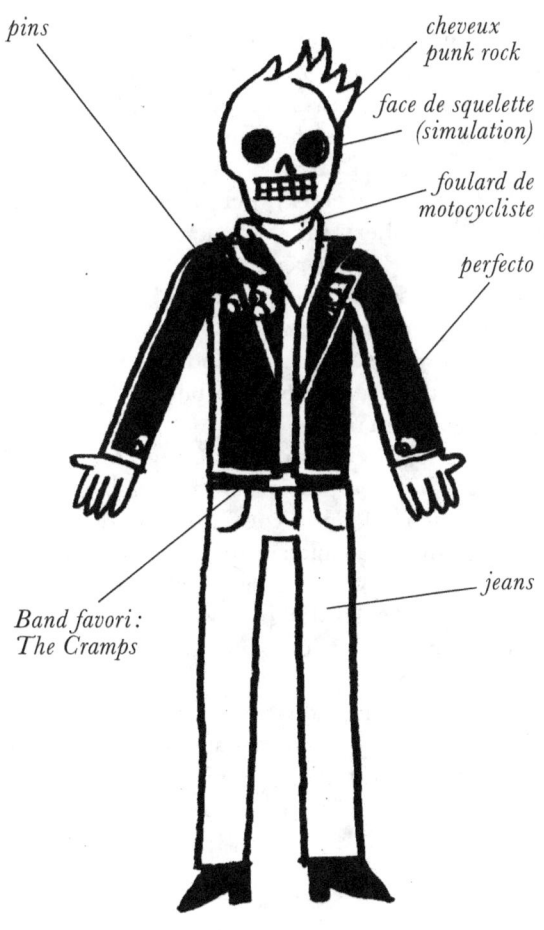

psychobilly

NEW WAVE
1984

Seymour Stein, producteur exécutif de Sire Records, prétend avoir inventé cette appellation. Au lendemain de la révolution punk, les gardiens des chaînes radiophoniques commerciales américaines résistaient à intégrer tout groupe associé au mouvement, perçu par plusieurs comme une aberration choquante, horrible et britannique. Pour reconditionner les nouveaux groupes issus de la scène new-yorkaise du CBGB et dépendant de Sire Records, Stein créa le nom « new wave », marque inoffensive, positive, intrigante. Des groupes comme les Talking Heads, Blondie ou même Madonna ont ensuite été associés à cette étiquette. C'était un nom vague et fourre-tout, mais le terme s'associa progressivement à l'idée d'épuration sonore et conceptuelle du mouvement punk ainsi qu'à l'utilisation des effets synthétiques des claviers.

À la même époque, les designers italiens du Groupe de Memphis deviennent une influence incontournable dans le monde des arts et de la décoration. Les couleurs, constructions et géométries ludiques de leurs créations se disperseront partout sur les costumes des musiciens et les visuels des albums de musique new wave.

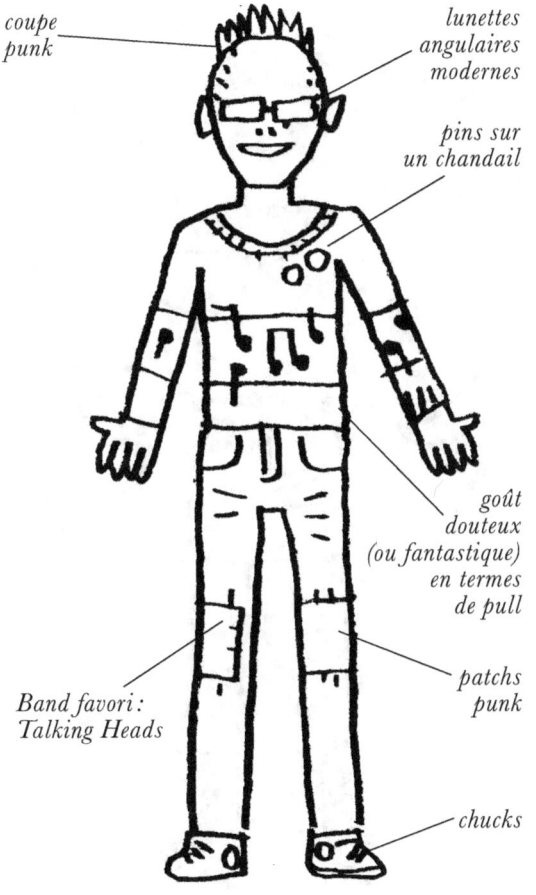

new wave

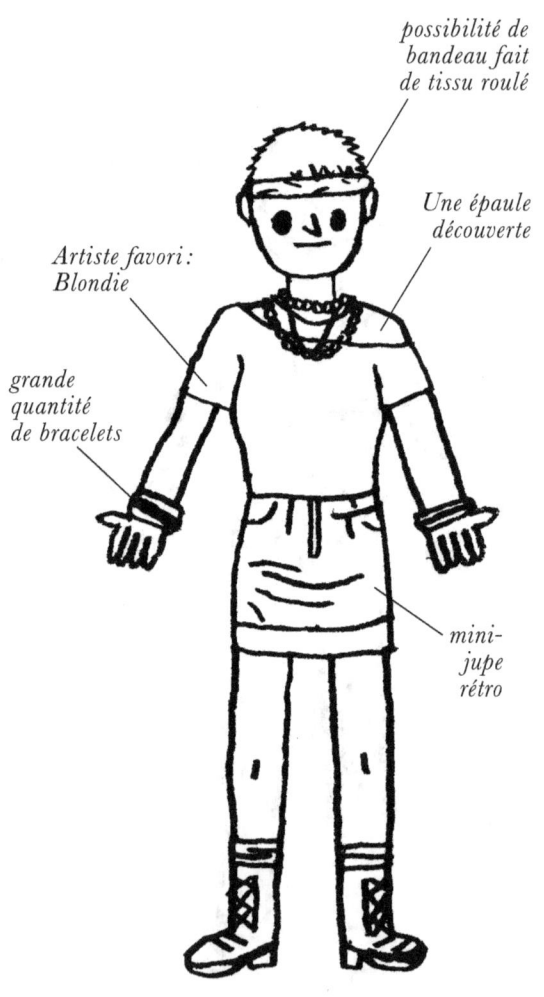

new wave

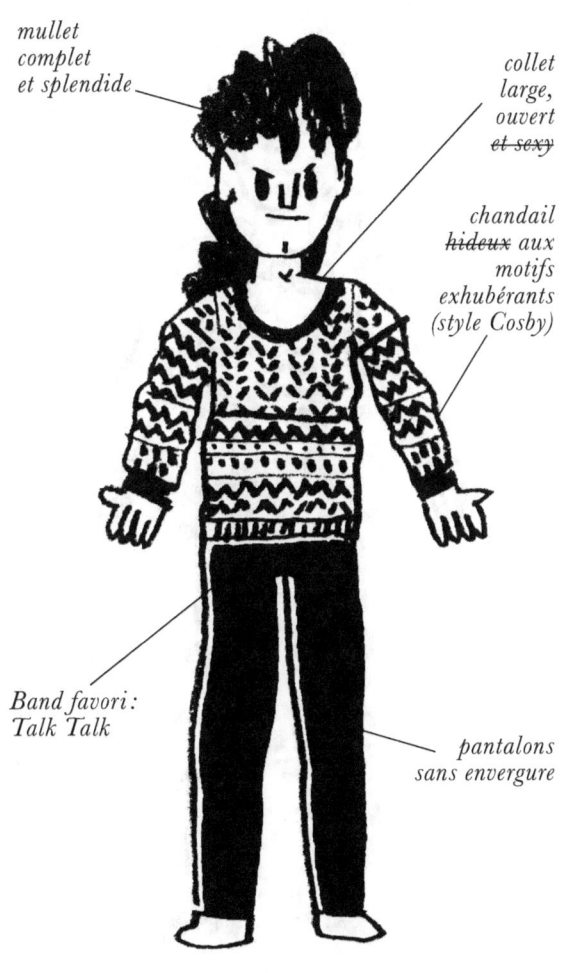

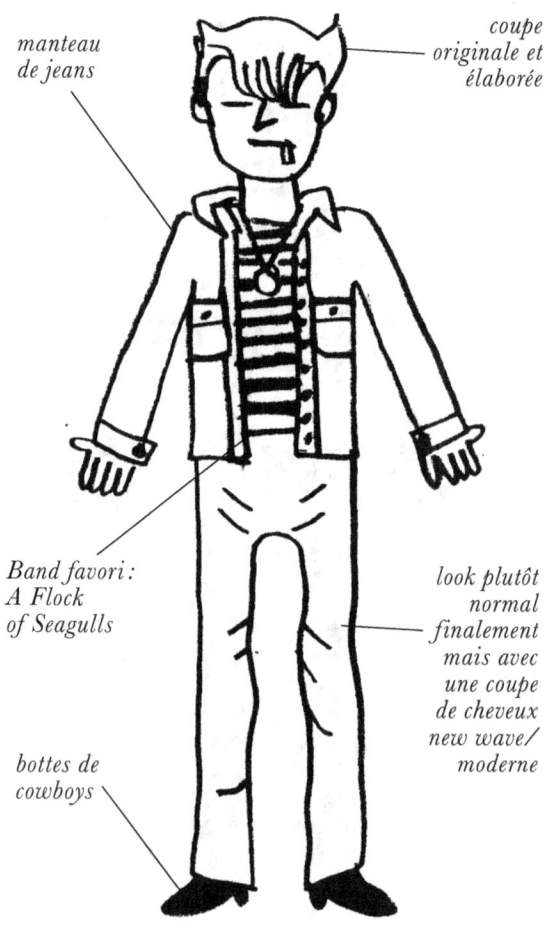

new wave

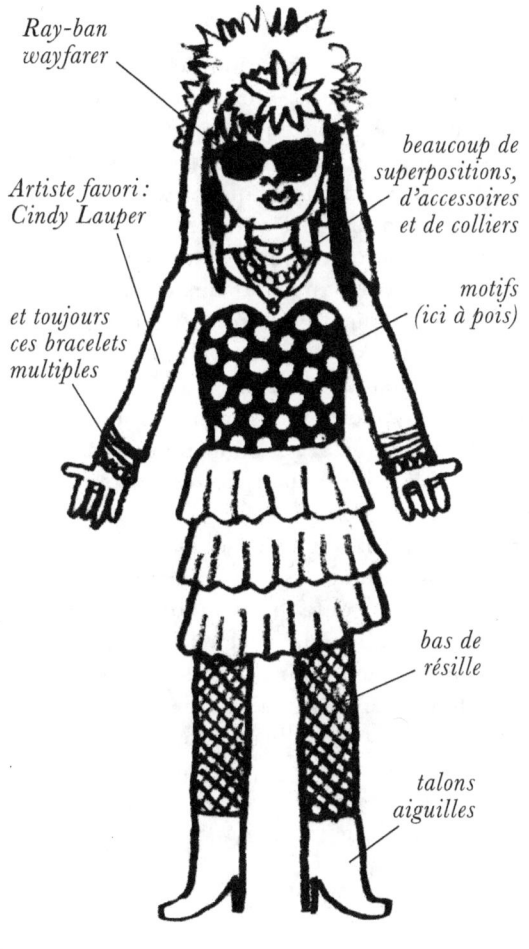

new wave

GOTH
1985

La beauté de la nuit, la séduction de la mort, la douleur et la passion. Ces expériences humaines camouflées sous le fard des normalités quotidiennes sont explorées et embrassées par le goth. Des ambiances lugubres serties de rythmes post-punk, des vêtements noirs. Des rappels de l'imagerie morbide des cimetières, des croix, des anges et des démons. Le goth peut se dévouer à une sublime et éternelle peine d'amour, au deuil de son innocence ou déclarer être seul à connaître le monde tel qu'il est, sans l'hypocrésie des bien-pensants. Sensible et romantique, il reste une mode rock 'n' roll qui semble avoir toujours subsisté depuis sa première incarnation.

Le goth débuta son règne en sous-catégorie du punk, soulignant ses aspects morbides et lugubres. Le style se détacha tranquillement de sa racine originelle pour devenir un style à part entière. La couleur noire et la thématique morbide restent essentiels, mais au-delà de ces aspects, le style s'est éventuellement ouvert vers des tendances diverses, historiques, médiévales, futuristes, simples ou complexes, au gré des inspirations individuelles.

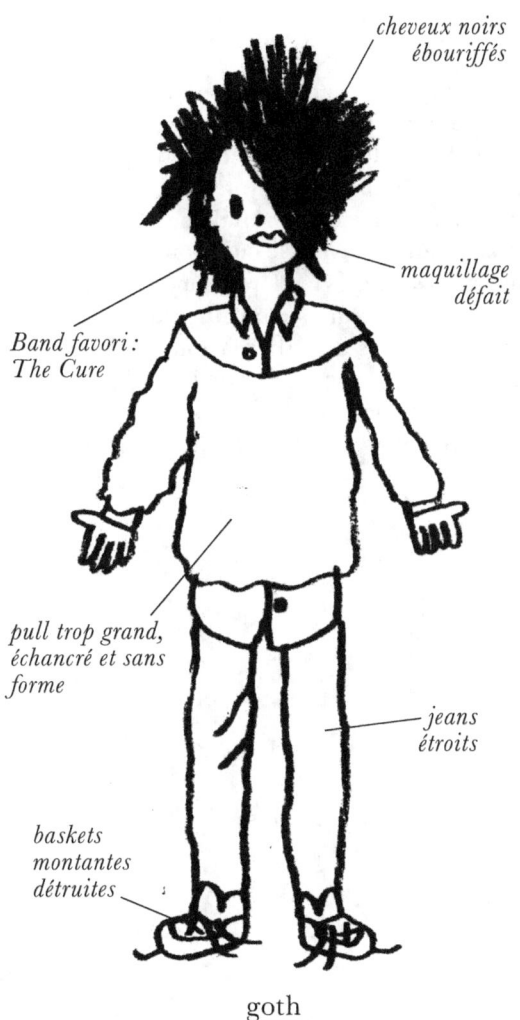

goth

**THRASH
1986**

Le thrash est une incarnation du métal. Le style emprunte l'impact et le réalisme de la musique punk et hardcore de l'époque et l'applique à l'épique et à la complexité du métal. Le style vestimentaire est un rock 'n' roll de base, mais le denim supplante souvent le cuir noir.

L'imagerie des paroles explore les motifs religieux chers au métal mais emprunte aussi les thèmes plus réalistes de l'aliénation et de la dépendance. On cherche à créer un impact fort et les pièces musicales sont violentes. On tente de faire fondre les visages de ceux qui écoutent cette musique.

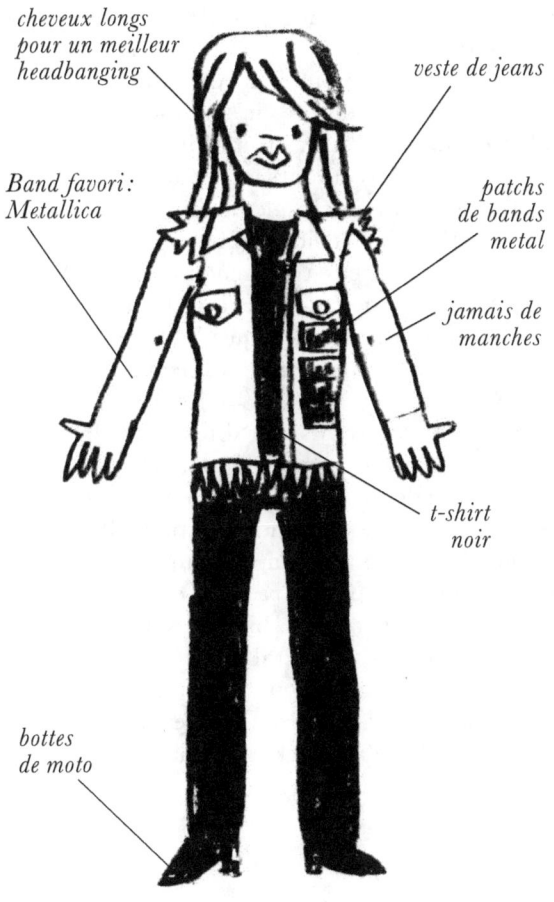

thrash

GLAM METAL
1987

À Los Angeles, sur Sunset boulevard, les musiciens américains rivalisent de coiffures étrusques et d'androgynie. Pour déplaire aux badauds et rendre compte de l'exubérance attendue d'une rock star, on multiplie bandeaux, couleurs fluos et cuirs. À cet accoutrement, on associe un machisme bientôt périmé et un mode de vie épicurien qui inspirent des paroles jouisseuses. Cette représentation hédoniste fera bien rêver des adolescents de l'époque et les couleurs et attirails des musiciens seront parfaitement consistantes avec les demandes de la télévision.

Les innovations considérables dans le domaine du spraynet permettent aux cheveux de se hausser en des dispositions défiant gravité et logique. Un nouveau monde d'exploration esthétique s'ouvre aux coiffeurs et maquilleurs.

Le style musical produira bien des classiques du rock mais comme bien des mouvements avant lui, le glam métal deviendra une caricature de lui-même. Trop de balades, trop d'argent, trop de drogues seront source d'indulgences infinies. Le glam rock sera balayé de la carte au début des années 1990.

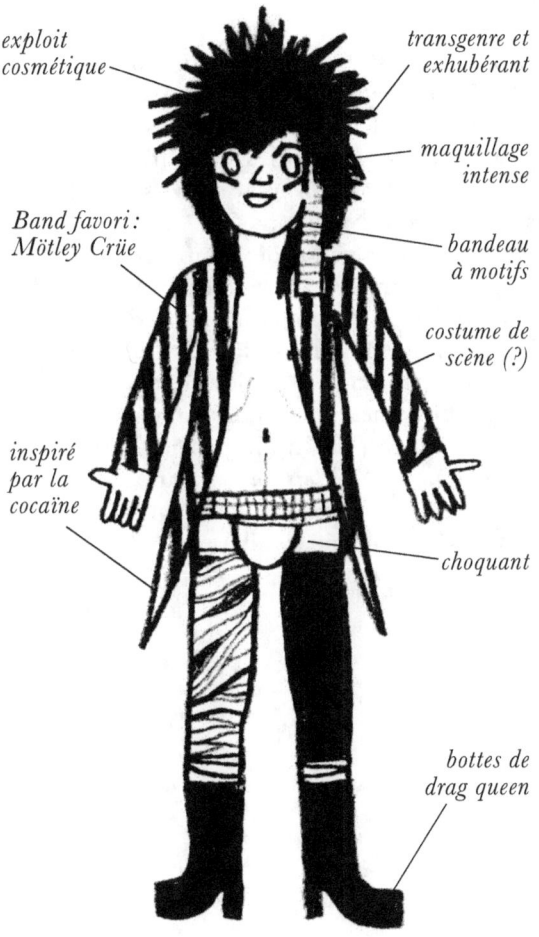

glam metal

RAP ROCK
1988

Durant les années 1970, la musique funk et disco s'est exprimée et développée en parallèle à la musique punk. Une fois distillées, les explorations rythmiques engendreront le hip hop. Il naîtra dans le Bronx et prendra d'assaut les scènes musicales de New York.

Plusieurs artistes venus de la culture rock 'n' roll, attirés par la richesse et les possibilités de ce nouveau style musical, tenteront de combiner les distorsions des guitares et l'attaque sonore rock 'n' roll aux rythmes du hip hop. Les Beastie Boys mélangeront les convulsions des guitares au rap du hip hop. Run DMC reprendra la pièce *Walk this way* sur leur album *Raising Hell*, revitalisant du même coup la carrière d'Aerosmith qui survivait à peine depuis la fin des années 1970.

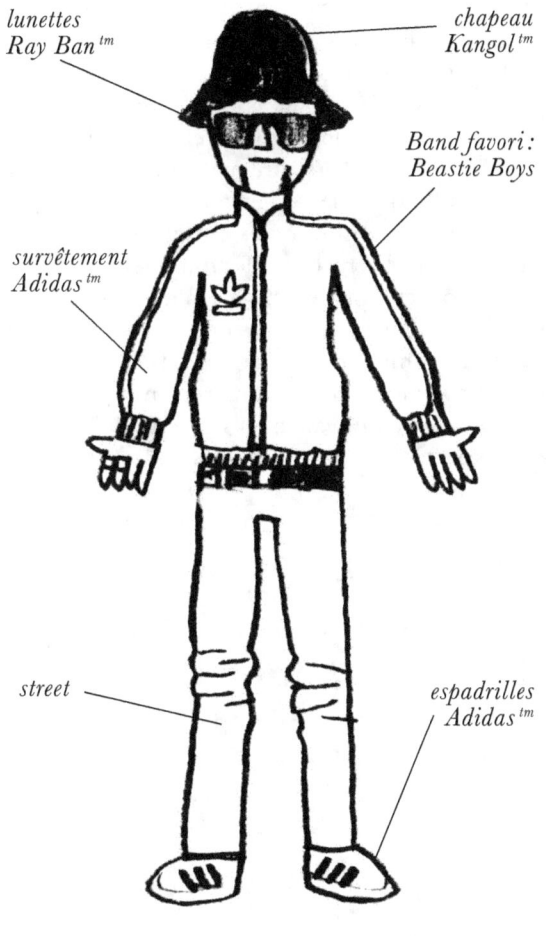

rap rock

MADCHESTER
1989

Pendant ce temps, à Manchester, la drogue coule à flot. C'est l'exctasy, qui décuple l'envie de sexe, qui ouvre la tête et assure l'empathie maximale. C'est dans les clubs qu'elle s'émancipe. Elle invite les rockers à fréquenter les raves dans les discothèques de la métropole.

La pulsion électronique des boîtes de nuit s'immiscera dans les réflexes des musiciens et, bientôt, les rockers intégreront les machines et une vitalité positive à leur musique. Le souci anglais pour la mélodie idéale et le style vestimentaire engendreront un look rock unique, la base de toute la mouvance musicale anglaise des années 1990.

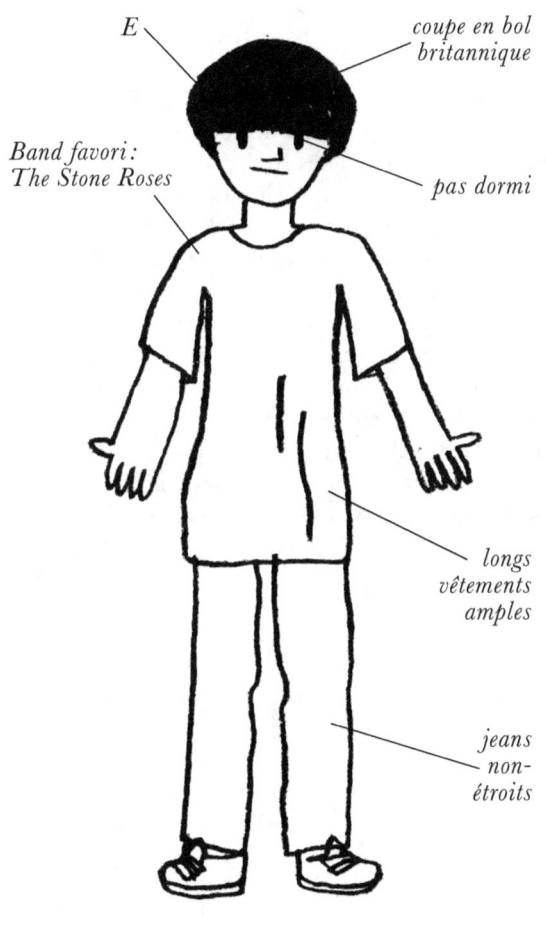

madchester

RIOT GRRRL
1990

À l'origine, Kathleen Hanna offrait des performances artistiques incluant lectures de textes et actions théâtrales provocatrices. Une professeure lui proposa de reformater ses performances en spectacles rock pour bâtir un auditoire plus substantiel. Naît alors le groupe Bikini Kill, un son punk rock auquel s'articulent des textes décrivant la vie des femmes dans les sociétés occidentales.

Le zine *Riot grrrl*, collage de textes, d'illustrations et de poésie féministe, donne son nom au mouvement. Les groupes font la tournée des États-Unis, deviennent légendaires, incrustent le look de la fille alternative aux Doc Martens dans la conscience collective et déclenche la venue de la grande révolution grunge.

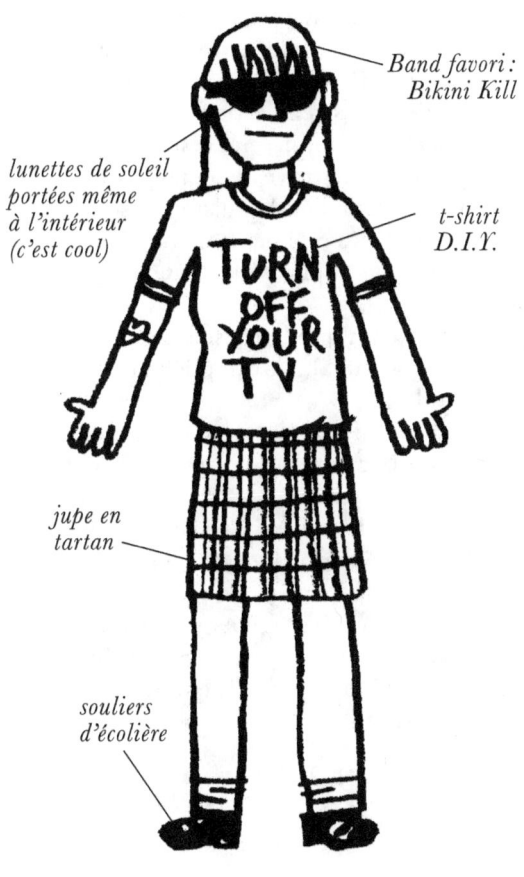

GRUNGE
1991

À cette époque, les musiques punk et hardcore étaient reléguées à l'extérieur des feux des projecteurs, dans les cercles des sous-cultures. La musique glam métal façon Los Angeles dominait les ondes et les ventes, dans un grand marasme de lieux communs machistes et un mélange improbable de travestissement et de sexisme. Toutes ces balades de puissance et ce spraynet seront balayés de la carte lorsqu'une musique plus violente et plus séduisante apparaîtra : le grunge.

Cette musique combine le muscle des guitares de la musique métal à la simplicité et au réalisme du punk.

Le grunge existait à Seattle depuis des années, mais c'est Nirvana qui l'inscrit dans le courant culturel dominant.

Les textes du chanteur Kurt Cobain offrent une vision du monde féministe, intelligente et brutale. La beauté de l'artiste, son audace et son ultime sacrifice devaient sceller sa légende. Après la mort de Cobain, le grunge vivota, fut renommé (new rock ou alternatif) et entreprit de nouvelles mutations.

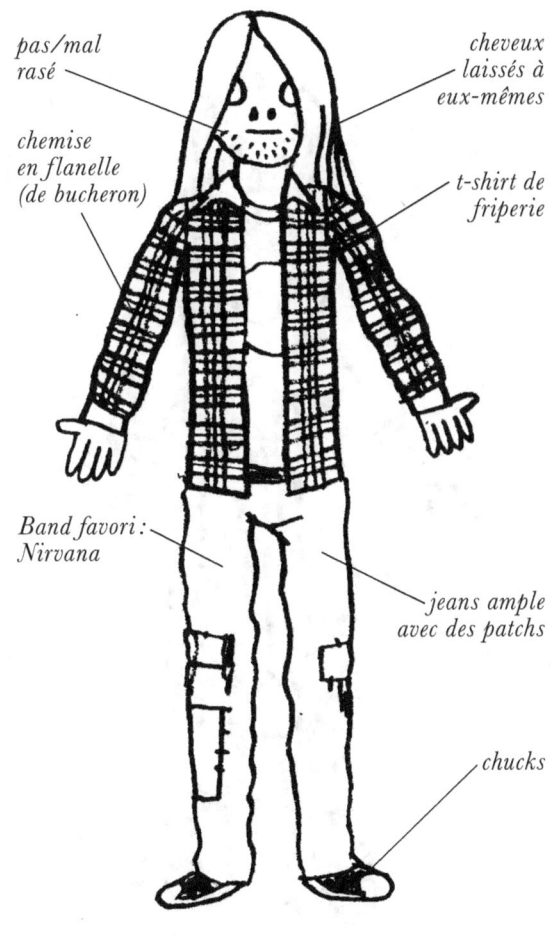

grunge

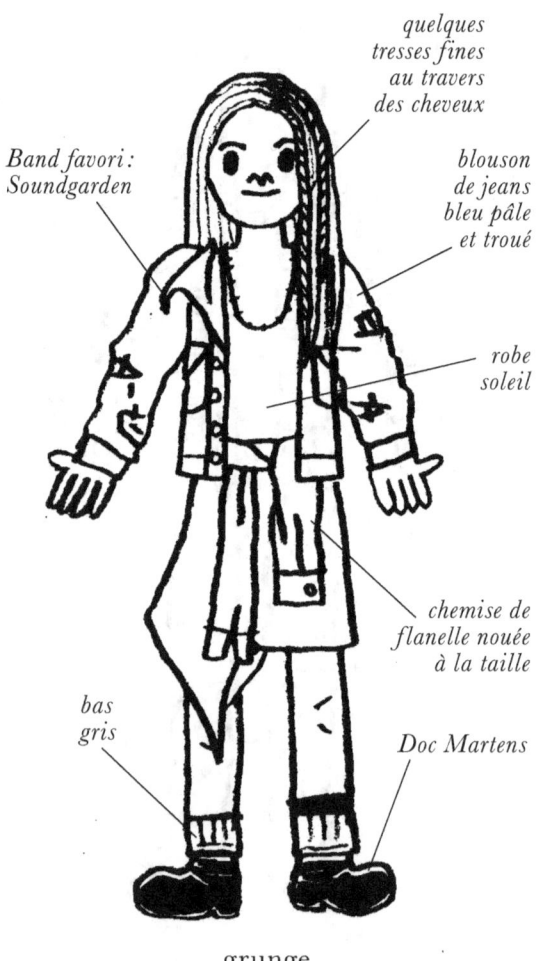

grunge

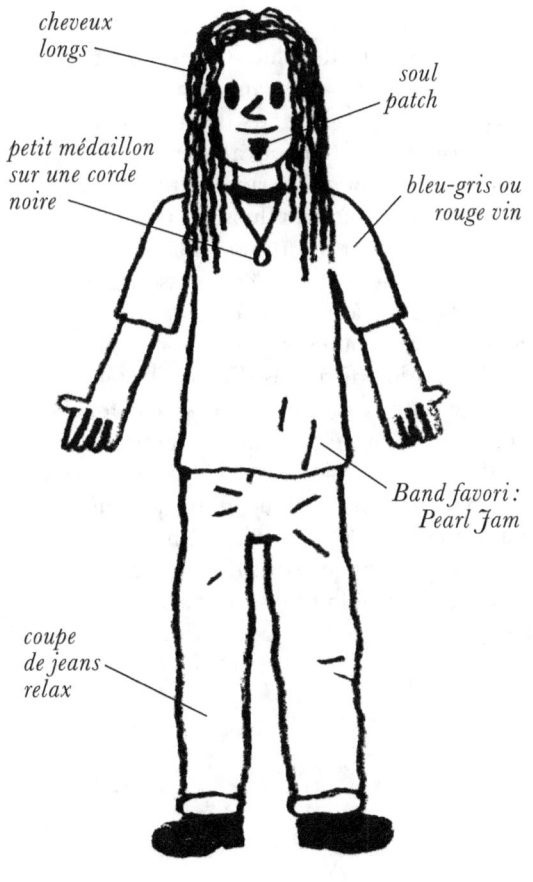

RAVE
1992

En parallèle à l'avènement de la musique grunge, la musique électronique continue ses innovations et la scène des clubs se développe en véritable sous-culture. La tenue vestimentaire et les accessoires répondent aux demandes de la piste de danse. Des vêtements amples, inspirés des modes hip hops et qui permettent des mouvements vastes, des couleurs fluos qui répondent bien au black lights et qui restent visibles dans l'obscurité des discothèques, des accessoires qui soulignent l'exubérance des fêtes. Beaucoup d'accessoires. Des bouteilles d'eau et des suces pour bébé (question de ne pas se déshydrater) et une mode de piste de danse, exubérante et folle, pour créer une identité alternative nocturne.

La culture rave, c'est aussi la célébration de la technologie dans la musique, d'une première exploitation culturelle d'Internet. En effet, les dates et lieux des raves sont diffusés sur les réseaux parallèles de la toile et seuls les invités et initiés peuvent accéder aux informations.

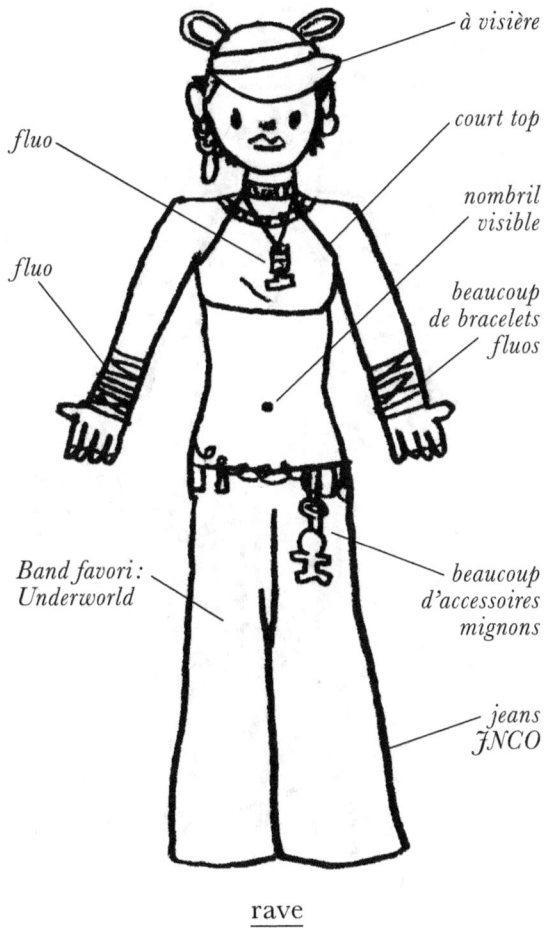

rave

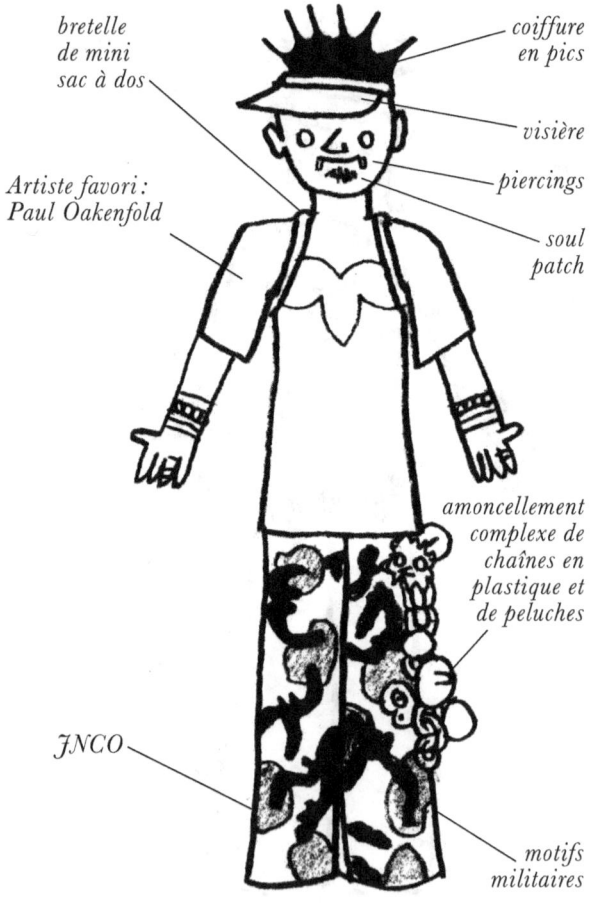

rave

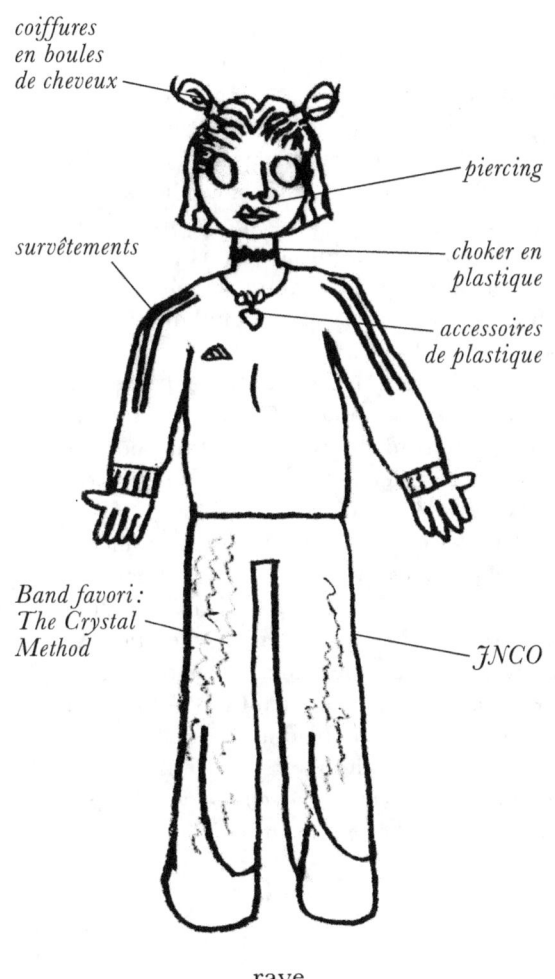

rave

ALTERNATIF
1993

La musique glam métal a été balayée de la carte, réinitialisant complètement la culture rock de l'époque. Les disquaires du monde réaménagent leurs bacs et rassemblent les musiques rock de la marge et de l'étrange dans une nouvelle catégorie de musique appellée *alternative*. C'est l'alternative au courant dominant mais c'est aussi une description de la dynamique violent/doux inventée par les Pixies et très populaire durant les années 1990.

Les années 1970 reviennent. L'enfance des jeunes artistes des années 1990 est le souvenir vague d'un paradis perdu duquel ils peuvent retirer et remanier le langage avec liberté et sans les a priori des artistes plus âgés.

L'alternatif est une catégorie fourre-tout qui décrit à la fois les influences folk de Beck, les envies de pop des Cardigans ou le glam industriel de Marylin Manson. C'est la génération X, alors dans la vingtaine, qui se dégage des préceptes et clichés du rock d'antan et établit sa musique. C'est une hybridation de différents styles, reflétant la nouvelle multiplicité des influx médiatiques et la nouvelle orgie d'images qui affluaient à l'époque sur les télévisions et le web.

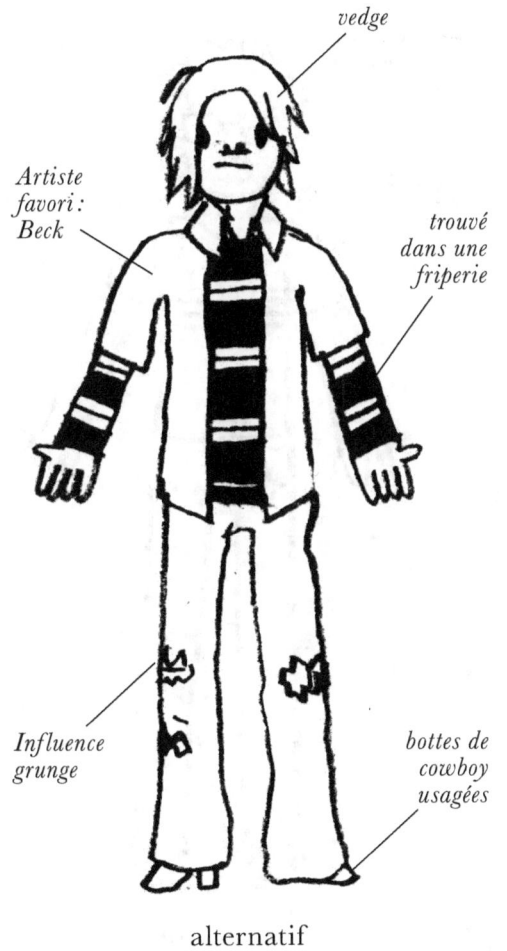

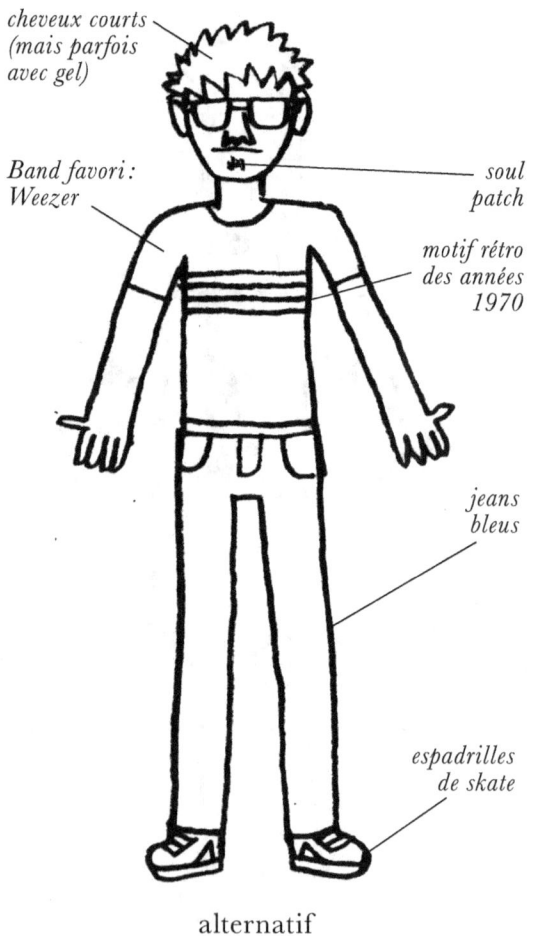

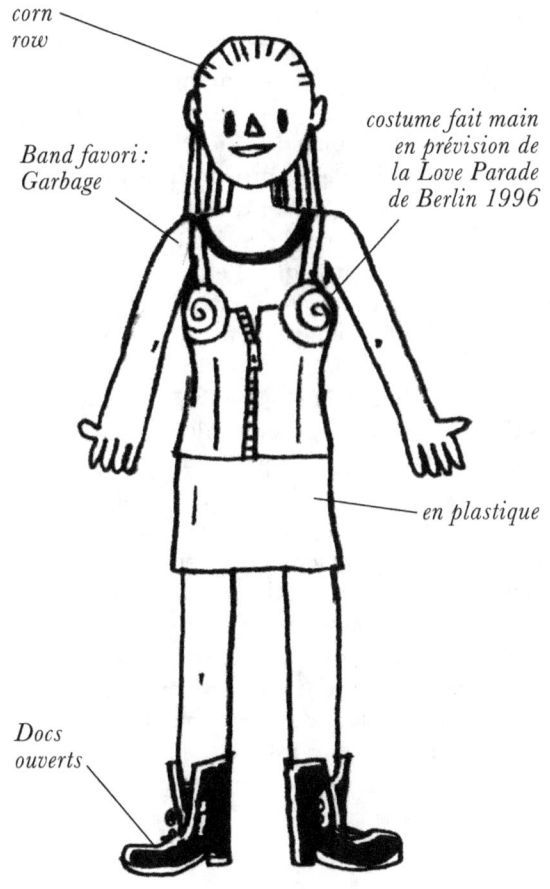

POP PUNK
1994

Kurt Cobain se suicide en 1994. Une sensation de vide, un flottement couvre la jeunesse occidentale. La vague britpop prend place en Angleterre mais semble trop britannique pour fonctionner avec les goûts des Américains, qui préfèrent une musique plus directe et brutale.

En 1994, les albums *Dookie* de Green Day et *Smash* de Offspring sont publiés. L'effet de cette double décharge est atomique. Le punk devient populaire. Les mélodies accrocheuses, l'insolence et l'auto-dérision dans les textes et la présentation visuelle ainsi que le nerf des refrains séduisent un public déjà engagé dans les nouvelles formes rock de la musique alternative.

À la musique punk classique, cette nouvelle génération emprunte la brieveté et l'impact de la musique, l'envie d'anarchie et du bordel ainsi que certains éléments vestimentaires (cheveux colorés, studs, déchirures). Les vêtements restent néanmoins fidèles aux tendances contemporaines et sont plus amples, s'inspirent de la culture du skate et des comics américains. Le ton est plus insolent que nihiliste et moins intellectuel que certaines franges de la culture punk. C'est la musique de la jeunesse, de l'appel au plaisir et au désordre.

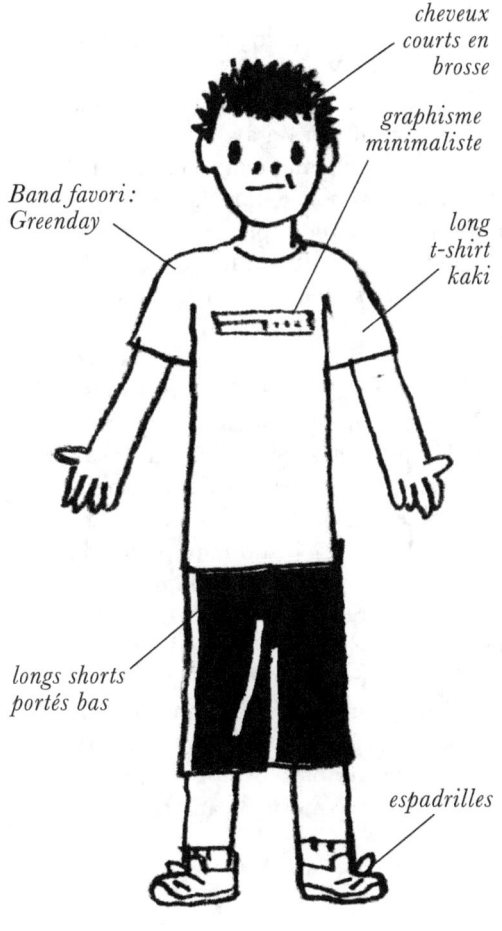

pop punk

BRITPOP
1995

La musique grunge était principalement une affaire américaine. Le Royaume-Unis, l'éternel rival des U.S.A. dans la sphère rock 'n' roll, cherche une position, un regard proprement britannique à la nouvelle mouvance culturelle. Le public trouve sa réponse dans la construction médiatique du britpop, progéniture de la mode de madchester. Le Royaume-Unis développe son propre star system moderne, sa propre mythologie.

Très anglais, suivant un code vestimentaire issu des intempéries des îles britanniques, constitué de parkas et de chapeaux de pêche, arborrant le Union Jack sur leurs guitares, sur la couverture des magazines et dans les spectacles, le britpop est une affirmation nationale, une assertion de la culture britannique contemporaine, une réponse percutante à la musique américaine de l'époque. Mis à part quelques pièces musicales qui y ont fait figure de one hit wonder, la musique de ce genre n'a jamais pu conquérir les États-Unis. Seuls Radiohead et les Cranberries (dont les appartenances respectives au britpop sont discutables) ont provoqué un réel impact sur la scène musicale américaine.

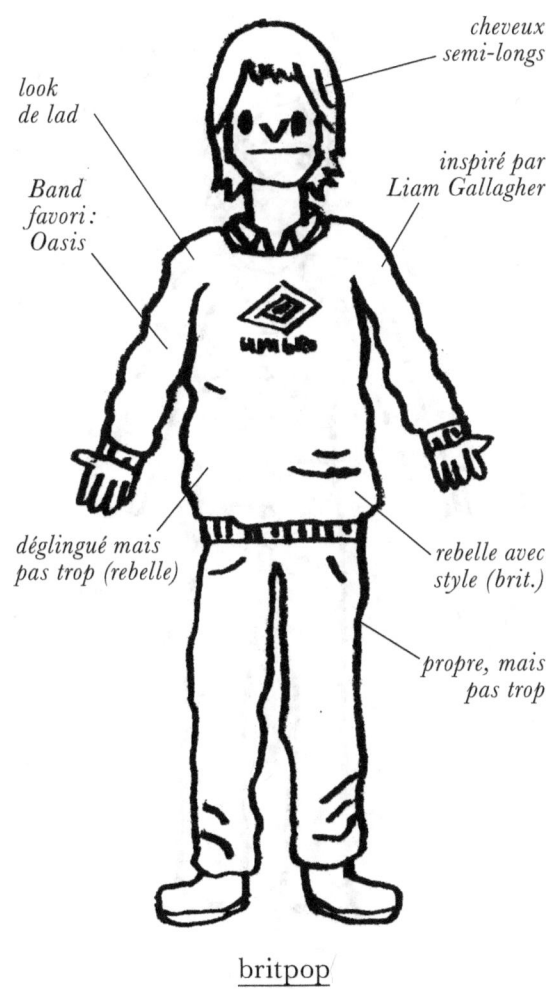

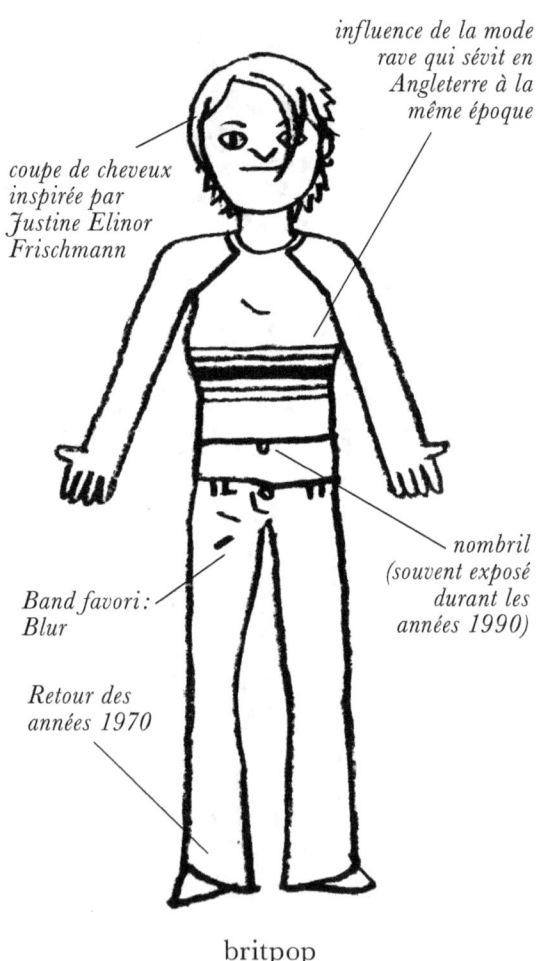

britpop

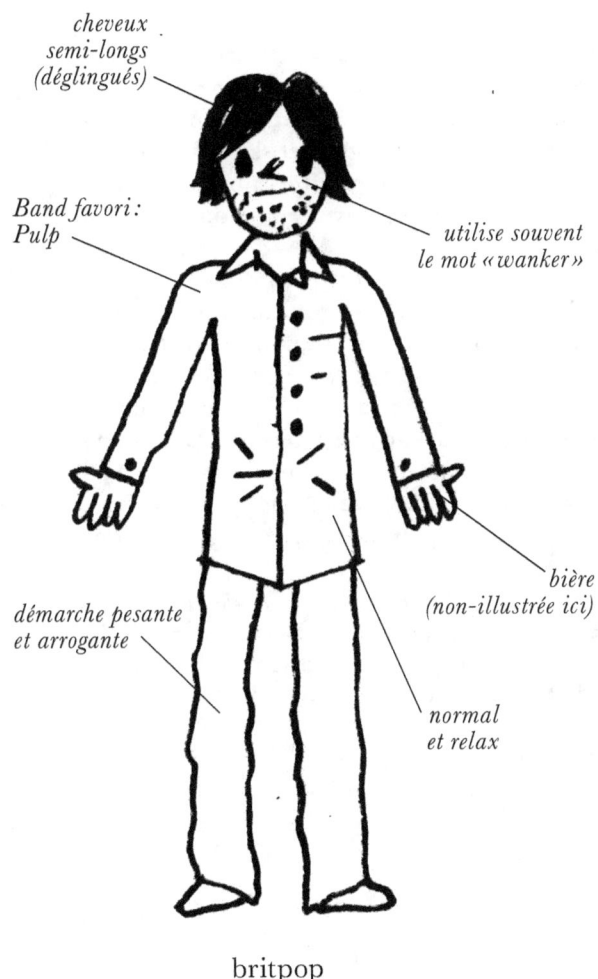

SKA PUNK
1996

Dans les quartiers populaires des cités anglaises, une population d'origine jamaïcaine se mélangeait aux classes ouvrières d'origine britannique. La musique reggae et ska des Antilles, écoutée par ces populations immigrantes a ainsi tôt fait de séduire leurs compatriotes britanniques.

La musique ska s'est introduite aux premières générations punk, dans les années 1970 et, lorsque la musique punk est devenue mainstream dans l'Amérique des années 1990, sa version ska a emboîté le pas. Durant la même période, une résurgence de la musique swing contribue aussi à donner du souffle à ce style musical. À la base classique des groupes punk s'ajoutent les cuivres des big bands des années 1930.

Exaltant et éclaté, le ska punk emprunte l'exubérance au pop punk mais y ajoute un style rétro et une dégaine à l'occasion plus structurée et habillée (talons hauts, colets larges).

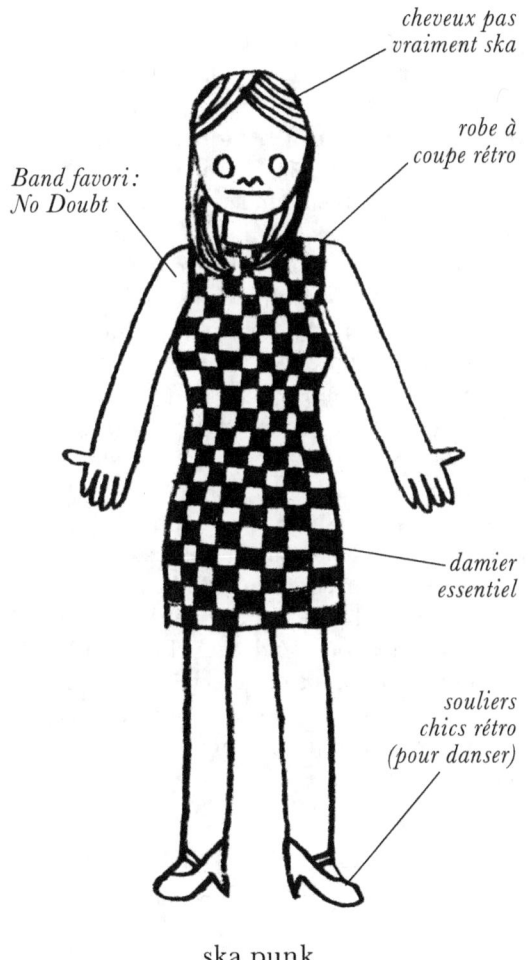

ELECTRONICA
1997

Durant quelques mois, l'electronica semblait être l'avenir du rock 'n' roll. L'échantillonnage et l'utilisation des synthétiseurs n'étaient alors pas nouvelles, mais vers 1997, quelque chose d'étrange se produisit : la culture courante adopta ce son. Soudainement, les groupes alternatifs férus de guitares publiaient un album ou une pièce musicale dite « électro » (Bush, Smashing Pumpkins, Marylin Manson, Oasis).

C'est que le sampling et les sonorités venues des pistes de danse étaient le nouveau goût du jour. Après quelques années à flirter avec le folk, le punk crade et les sons de guitares organiques et crus, la musique alternative revenait à ses expérimentations du début des années 1990. Les Chemical Brothers et Fatboy Slim produisaient des tubes big bass qui remplissaient les pistes de danse et tournaient sur MTV. Prodigy exploitait le vidéoclip et l'imagerie théâtrale empruntée au punk pour vendre ses riffs de guitare plantés dans des pulsions électros. Le jazz électro (ou trip hop) de Portishead entrait dans le mainstream. La mort du rock 'n' roll fut annoncée de nouveau.

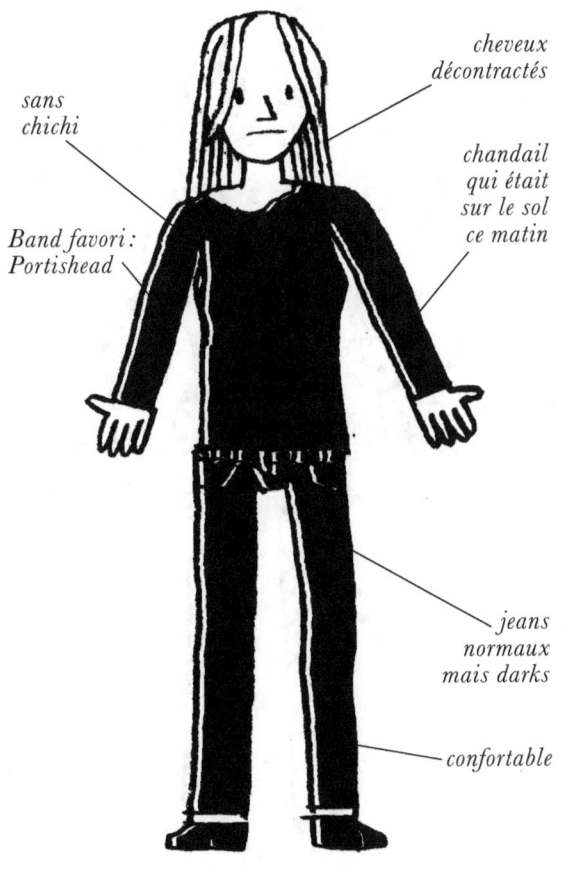

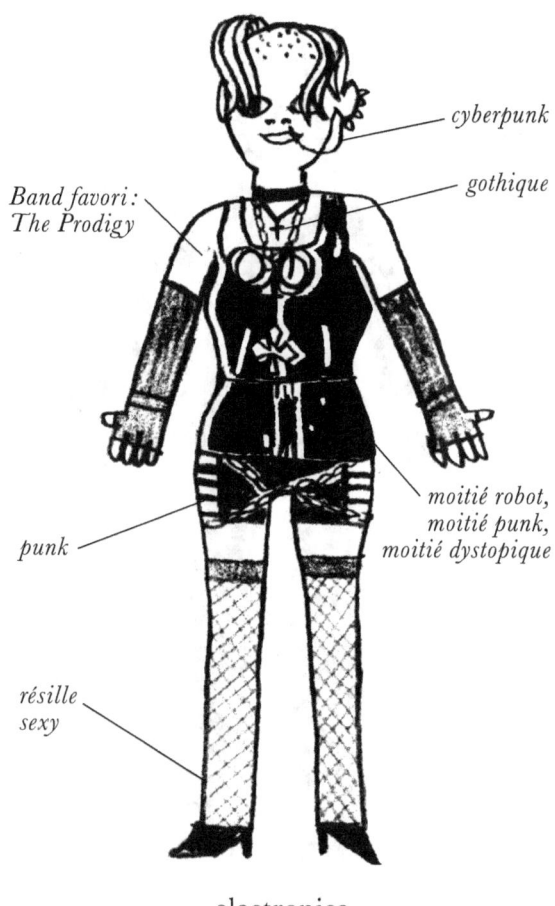

electronica

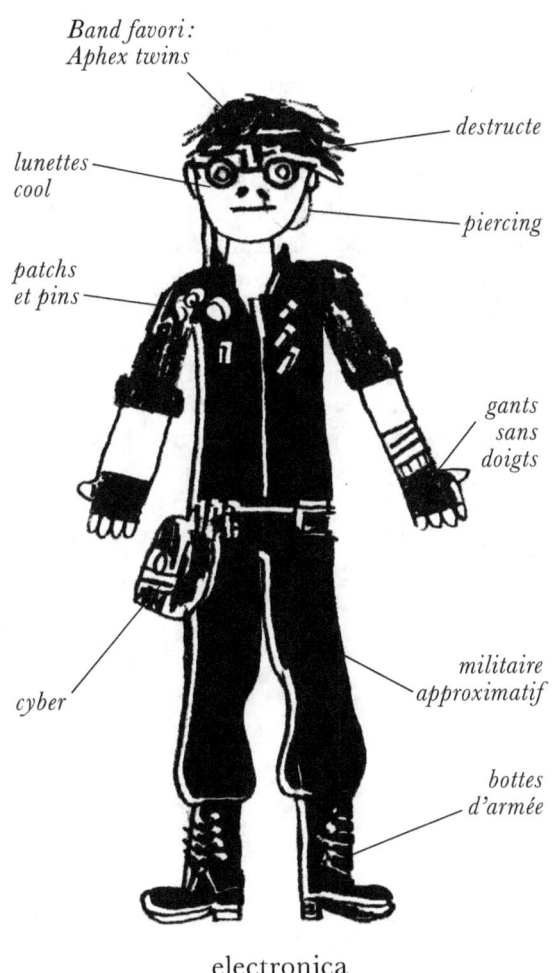

electronica

BLACK METAL
1998

Né en Norvège, enfant du thrash métal underground des années 1980, cathartique et intense, la musique black metal emprunte une imagerie vampiresque, satanique.

Cette apologie spectaculaire des codes et cultes infernaux confère aux adhérents du look un aspect qui se fond mal aux badauds des villes. Aussi, le look black metal est surtout exhibé dans des contextes précis de festivals, de spectacles, comme apparats de scènes.

Jeux de sacrilèges pour mieux affirmer son indépendance des préceptes restrictifs des religions, terreurs purgatives pour purifier l'âme, imageries de sacrifices pour explorer le barbarisme sous le vernis des civilisations. C'est encore aujourd'hui l'une des incarnations les plus évocatrices du métal contemporain.

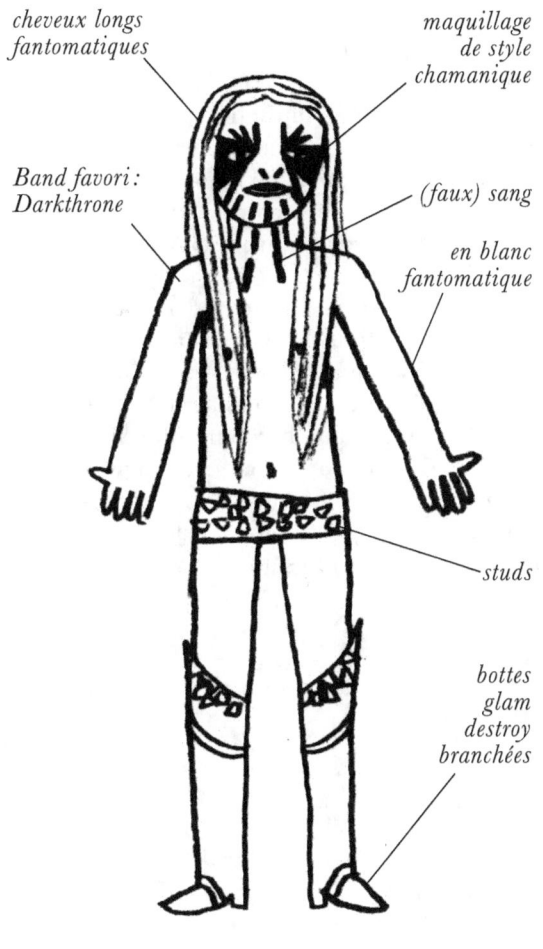

black metal

SKATE PUNK
1999

La musique punk, depuis sa création, a souvent su accompagner les prouesses des skateurs, étant donné leurs affiliations mutuelles à une certaine torsion du monde urbain moderne, à une réappropriation des laideurs du béton issus des délires modernistes du milieu du siècle. Une transformation de la décrépitude par l'art et le sport.

La musique punk était restée underground durant les années 1980. La vague pop punk des années 1990 a ouvert les vannes de toute une culture punk prête à accompagner la vie des skateurs. Autodérision, humour, infantilité ludique, style, des mélodies fortes et rapides: Les ingrédients du punk, ajoutés à une impulsion et un ludisme propres à l'Amérique et propice aux fêtes des fraternités universitaires.

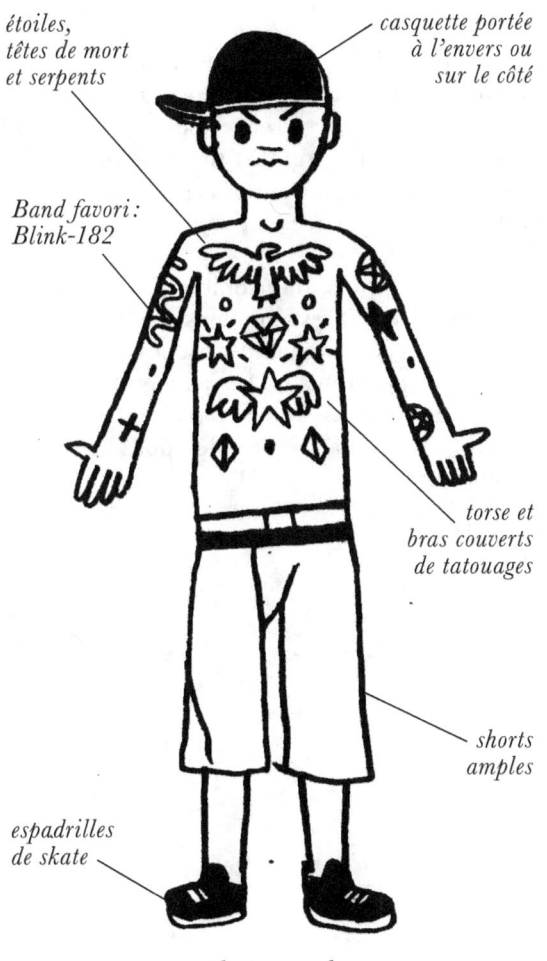

skate punk

RAP METAL
2000

La combinaison de l'attaque des guitares rock 'n' roll aux pulsions de la musique hip hop avaient déjà fait leurs preuves depuis une dizaine d'années. Rage Against the Machine juxtaposait déjà ces genres musicaux, parvenant à servir des paroles crachées sur l'agression du métal.

L'attrait de cette puissante combinaison de frappe a tôt fait d'attirer les ambitions commerciales de certaines compagnies de disques et de certains artistes opportunistes. Le rap metal du tournant du millénaire est l'excroissance corporative et fruste des innovations esthétiques des dix dernières années.

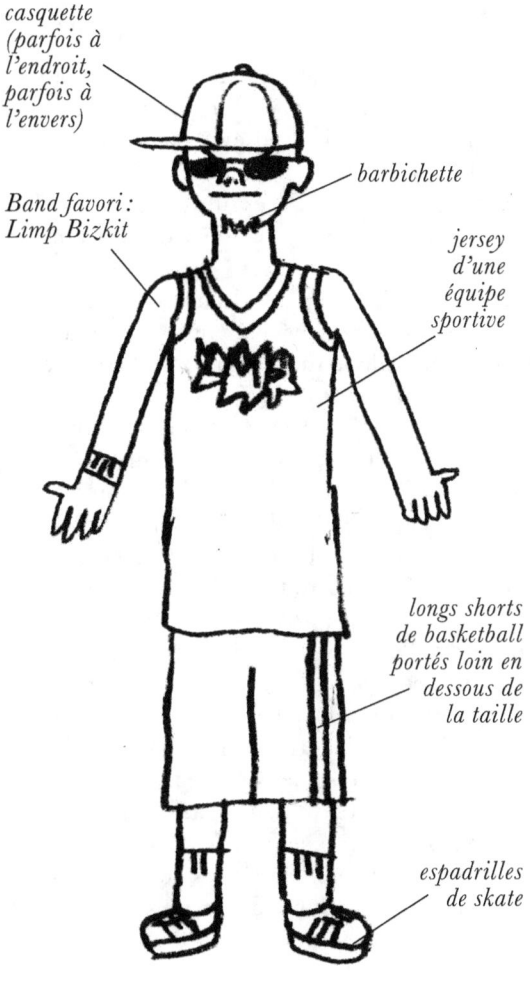

rap metal

GARAGE (REVIVAL)
2001

Au tournant du nouveau millénaire, il semble que le rock 'n' roll se soit solidifié une bonne fois pour toute. Les ingrédients élémentaires sont établis (hippie, punk, métal, glam, électro, skate, goth...) et les styles futurs sembleront n'être que des rappels et mélanges de ces composantes basales.

Encore une fois, les productions léchées, emballées et formatées avaient envahi les ondes. Rolling Stone Magazine tentait, tant bien que mal d'intégrer les boys band au canon rock 'n' roll et d'en faire une légitime tendance pop rock. Alors que les autres styles musicaux comme le hip hop ou la musique électronique vivaient des heures fastes de découverte et d'expansion, le rock 'n' roll, au-delà des créations indépendantes, se vautrait dans les excès du rap metal et se cherchait une nouvelle identité dans les fusions de l'electronica et du rock industriel.

Pourtant, en 2001, les Strokes devaient rétablir le lien d'amour entre le rock 'n' roll, le cuir noir et les pantalons étroits. Le groupe new-yorkais, fan de la musique issue de la métropole durant les années 1970, devait offrir une nouvelle trame sonore aux jeunes de l'époque : une trame sertie des thèmes classiques de beuveries, de cigarettes et d'amours passagers.

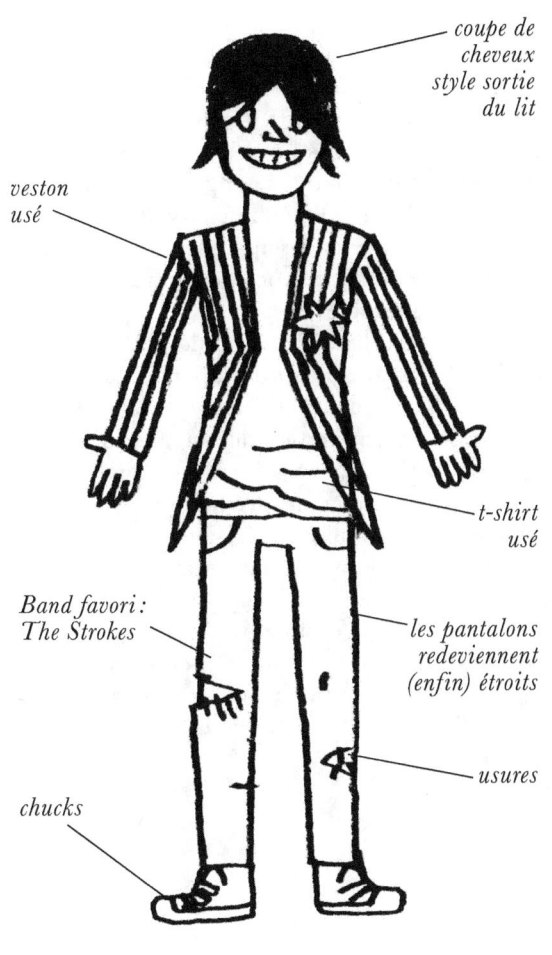

garage

EMO
2002

Le emo est l'une des cultures les plus originale et iconique de la décénnie. Les mélodrames des premiers amours adolescents, la combinaison maintes fois exploitée des horreurs du monde aux innocences de la jeunesse engendrent un univers où le gothique se mélange aux personnages de dessin animé, où les apparats et accessoires des punks et du hard rock deviennent les costumes de personnages.

Le look très travaillé et décoratif devient une affirmation de l'avatar idéal d'un personnage rock 'n' roll. Influencé par la culture japonaise et par sa propre interprétation du langage rock 'n' roll, le emo intègre à l'occasion des symboles et signes provenant de la culture nippone.

Le emo est souvent pris en dérision pour son soucis du détail esthétique, pour sa propension à la mélancolie et son androgynie. Le emo n'affiche pas la culture violente du métal ou du punk. On peut se demander si cette sensibilité n'est pas elle-même propice au bullying médiatique qu'a connu ce style depuis les années 2000.

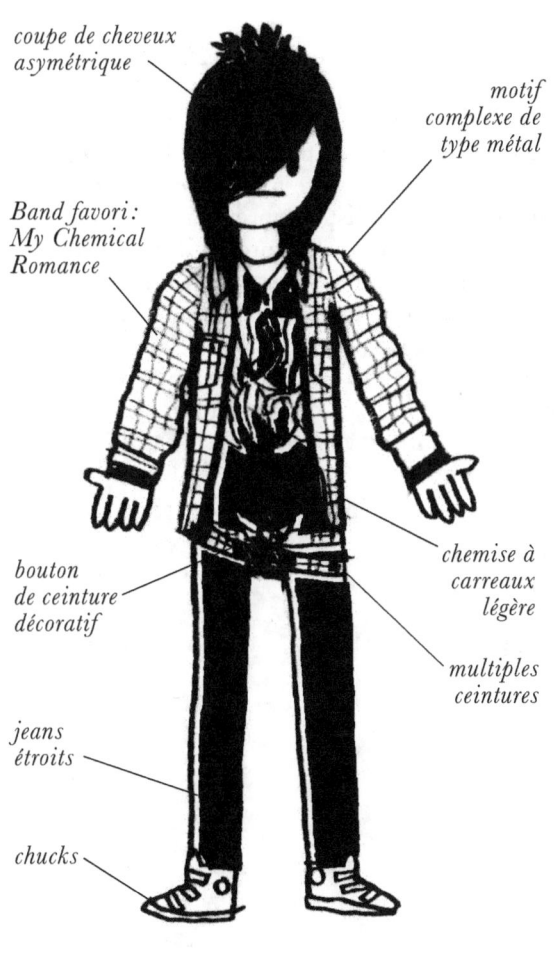

emo

ELECTROCLASH
2003

À New York, au début des années 2000, après plusieurs annonces de son retour, le style des années 1980 revient en force. L'exubérance, les couleurs, la légèreté apparente de l'époque deviennent désirables suite à une décennie de rock grunge minimaliste, dépressif et souvent en deuil. Les soirées décadentes et dansantes reviennent en force sous les sons des synthétiseurs annexés à une nouvelle appréciation de l'usure punk et garage.

L'electroclash sera un éclair rapide, une déferlance momentanée qui engendrera néanmoins les combinaisons synth rock des prochaines décennies.

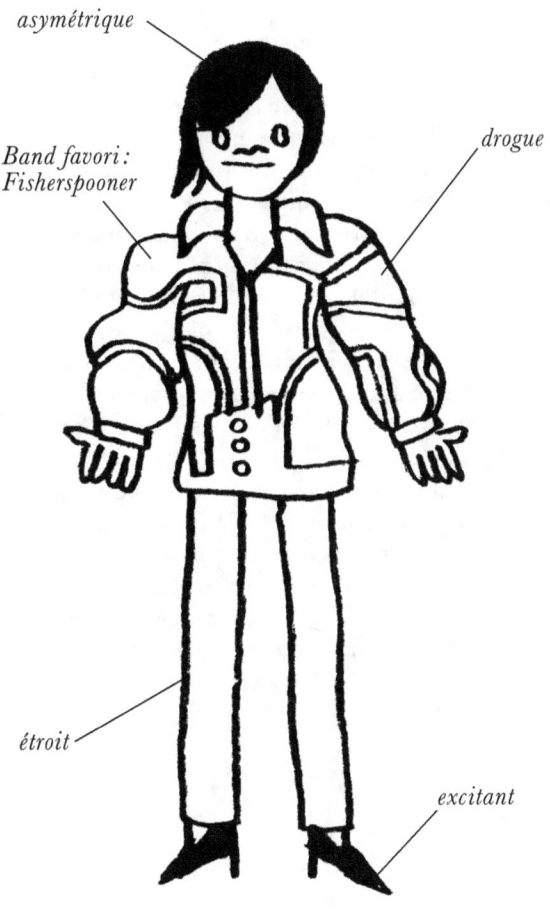

electroclash

SCENE
2004

Le scene est en quelque sorte une prolongation des préceptes esthétiques du emo. Ce style présente le même attrait pour l'imagerie d'Halloween à la Tim Burton, le même goût pour le peaufinement extrême du look jusqu'à en extraire un costume unique.

Cette idée de costume, d'avatar du scene, a trouvé une incarnation particulièrement populaire à Tokyo, par l'entremise des sous-cultures du quartier Harajuku, où les jeunes Japonais dévoilent leur parures inspirées notamment par la bande dessinée, par le style lolita, par l'histoire occidentale et orientale et par la culture rock 'n' roll.

Le scene pousse néanmoins ces tendances vers des extrêmes en termes de maniérisme. Les cheveux en coupes asymétriques, la complexité des dessins sur les t-shirts, tout pousse vers le perfectionnement d'un avatar figé dans la culture, d'une représentation idéalisée de ce que devrait être une vedette rock 'n' roll.

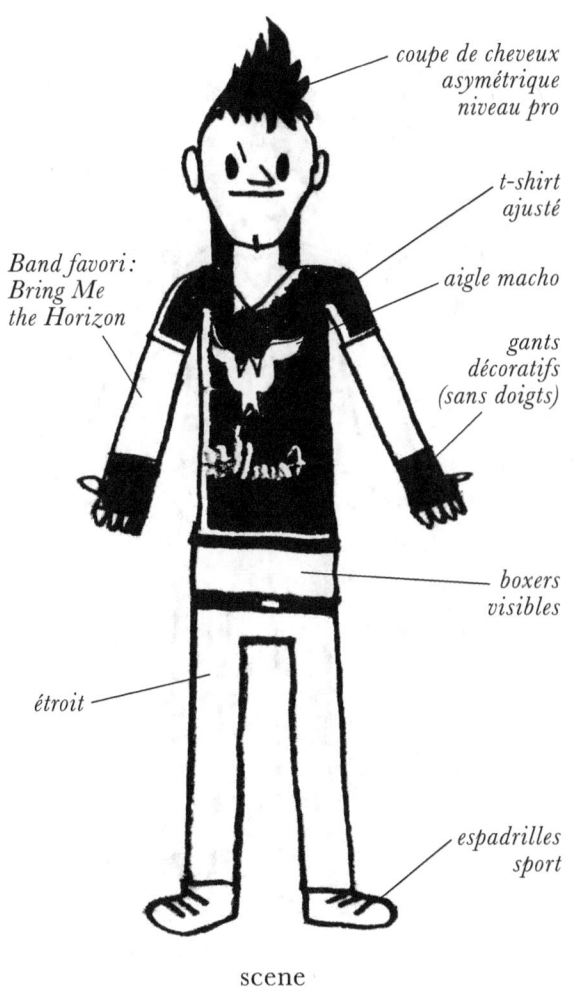

scene

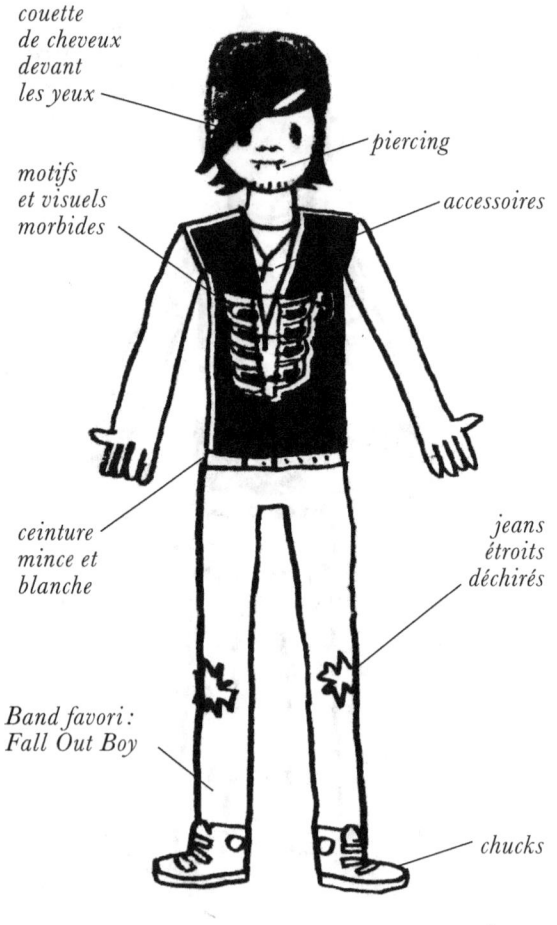

scene

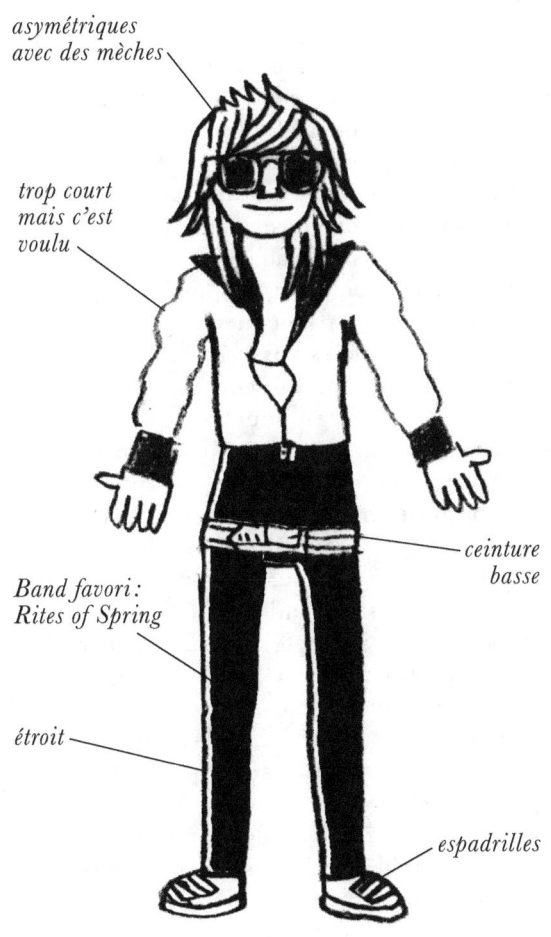

scene

HIPSTER
2005

Le hipster a existé de tous temps. Il est souvent jeune et il suit la mode, tente de représenter l'air du temps par ses vêtements. Il porte une attention particulière à son apparence (même s'il tente souvent de camoufler cet effort). Malgré la pérennité de cette tendance, le terme « hipster » a pris un sens plus ciblé au courant de cette décennie. Il a gagné en précision pour décrire un genre vestimentaire particulier.

Le hipster est toujours aussi friant de tendances, de mode et de l'air du temps, mais présente désormais un attrait pour une certaine authenticité (perdue dans ce nouvel âge de l'Internet), un amour de l'analogue, de l'artisanal et une propension à la nostalgie. Le hipster prendra plaisir à redécouvrir et à reproduire les salons de barbiers d'antan, à porter des bretelles, des casquettes de camionneur, des chemises de bucheron, à écouter sa musique sur vyniles et cassettes. Il utilise les technologies digitales abondamment mais aime et valorise les rappels à une culture détachée du moderne. Le hispter mélangera cette authenticité aux influences plus modernes de son époque.

Avec le temps, le terme est devenu un sobriquet préjoratif affublé aux jeunes urbains et aux fashion victims de ce monde.

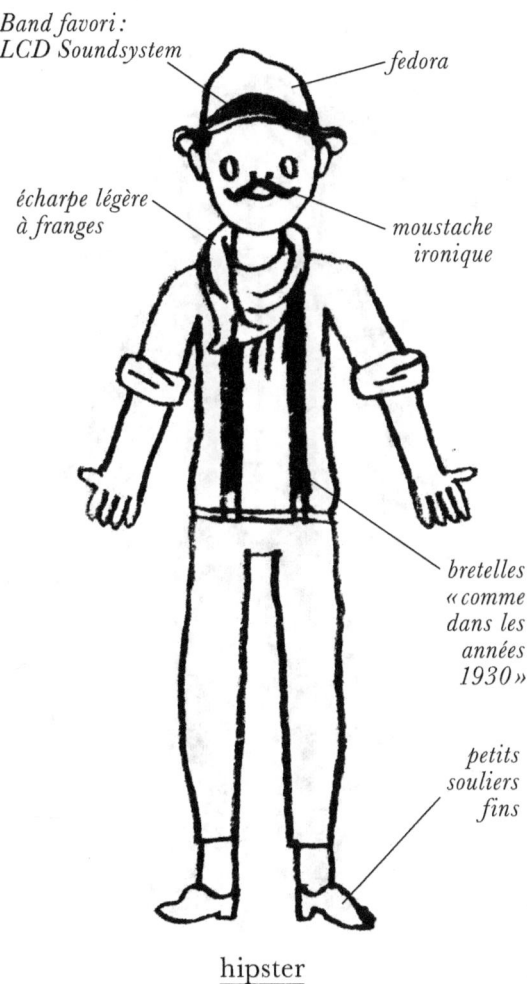

hipster

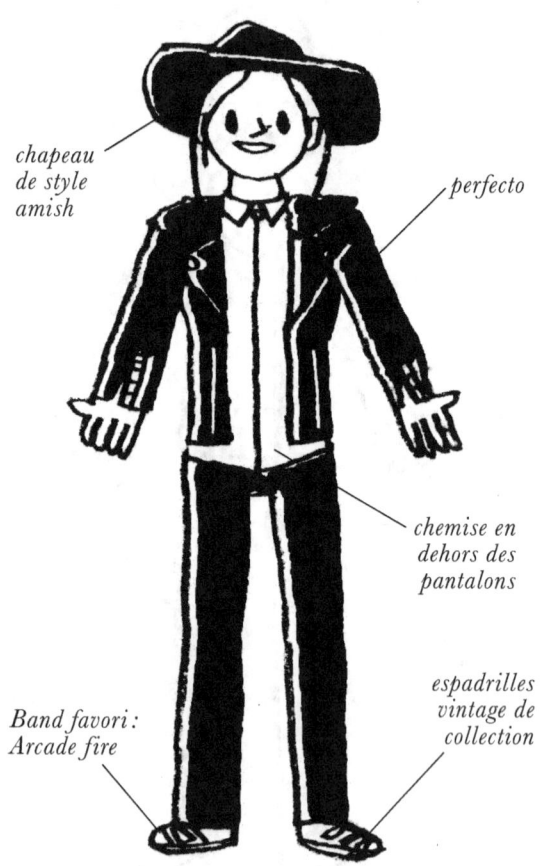

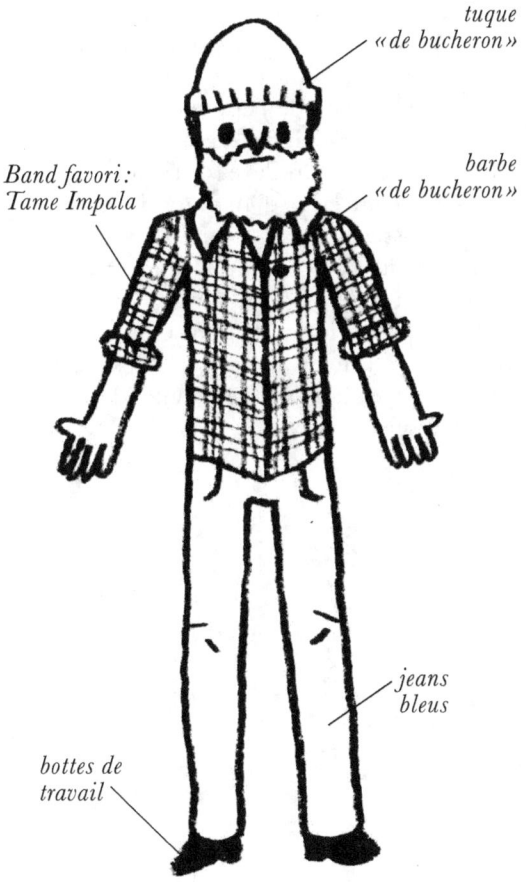

NEO ROCKABILLY
2006

Le neo rockabilly est en quelque sorte une sous-catégorie du hipster. Il a élu les années 1950 comme modèle et tente de reproduire une image idéalisée du look de l'époque. Ce look construit peut parfois s'éloigner de l'authenticité pour plutôt reproduire les réflexes de l'emo et du hipster dans leur confection d'un avatar idéalisé d'une époque passée.

Souvent considérée comme la continuation naturelle du style du punk ou du emo, ce look s'accorde exceptionnellement bien avec les individus de tous âges, mélangeant les éléments véritables passés aux maniérismes d'une nostalgie idéalisée.

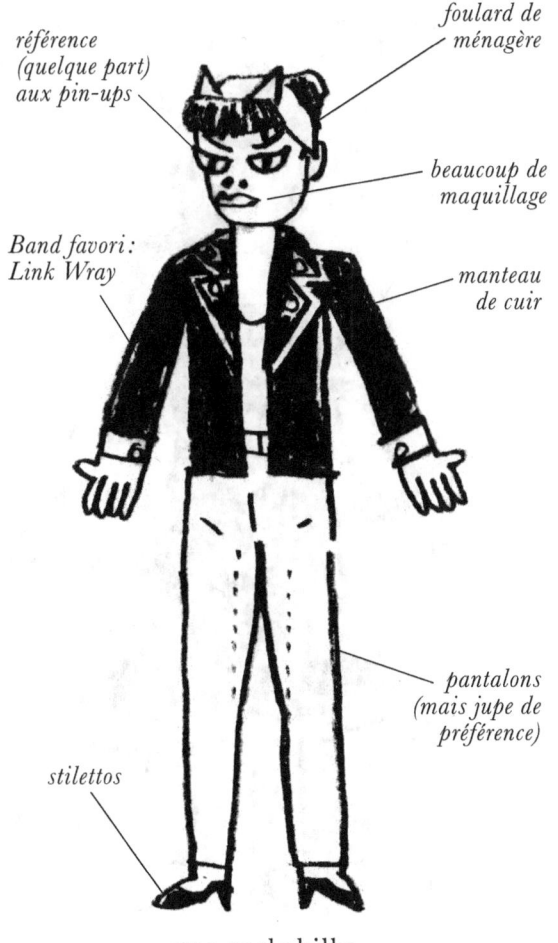

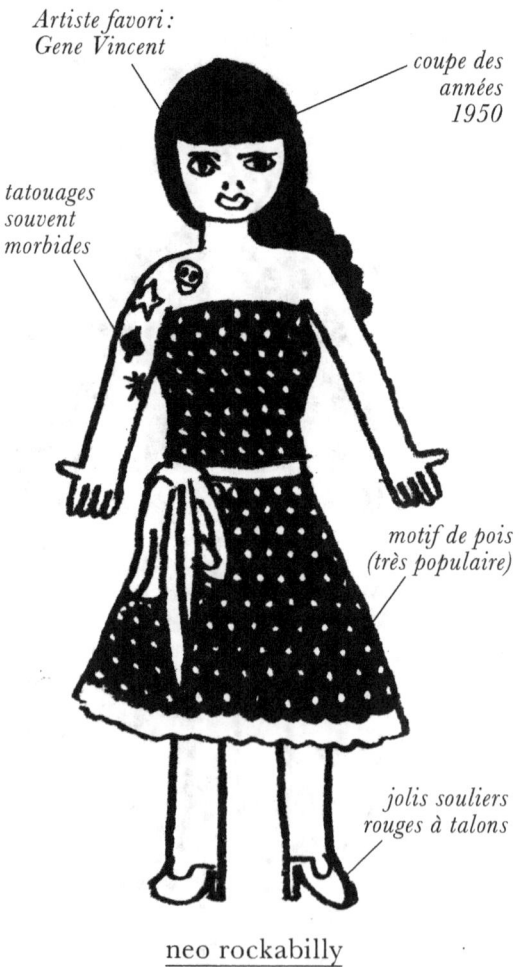

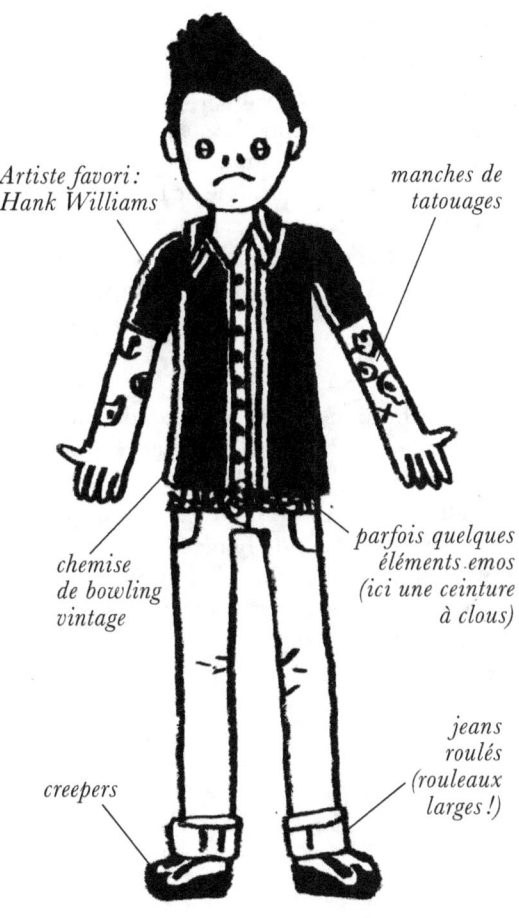

neo rockabilly

DANCE PUNK
2007

La génération qui a vécu son enfance durant les années 1980 distille cette époque et en retrouve les apports les plus intéressants. Le kitsch, les couleurs fluos, l'exubérance, les accoutrements absurdes et ridicules, l'humour. Ce retour est propulsé par l'éternelle nostalgie de l'enfance et la découverte qu'au travers des laideurs perçues des années 1980 se retrouvent des joyaux esthétiques véritables. Les résultats des contraintes techniques du passé deviennent les choix esthétiques du présent.

À New York, on est inspiré par 1982. On tente de refusionner, pour les pistes de danse de la métropole, la passion punk et les rythmes synthétiques de la musique électronique.

Débauche, décadence, coupes de cheveux asymétriques, un dégoût du bon goût bourgeois et un plaisir esthétique qui se transforme en intégrant les artifices éclatés des années 1980 au dépouillement du punk.

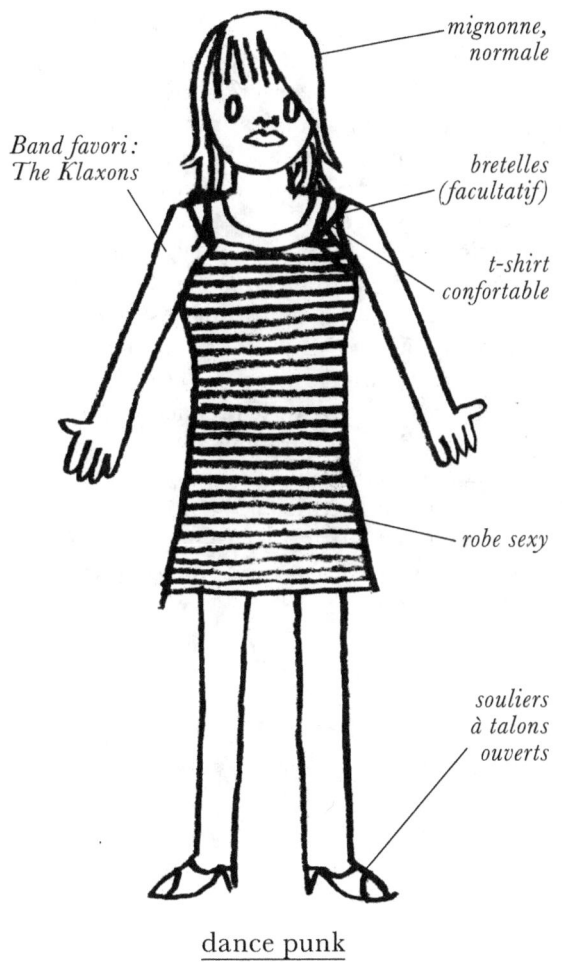

NEW RAVE
2008

Les couleurs vives, les rythmes effrénés et les tendances raves reprennent en popularité à la fin des années 2000. Construction médiatique constituée par certaines publications anglaises, le style est une désignation de la culture des clubs de l'époque (une culture qui avait néanmoins toujours existé).

L'esthétique visuelle reprend véritablement les looks de la scène de Manchester de la fin des années 1980, suivant le retour progressif de la fameuse décennie.

Néanmoins, la musique associée à ce style est peu liée à la musique rave de la première vague et emprunte plutôt ses inspirations à la musique dance punk contemporaine.

La dénomination, artificielle et créée à l'extérieur de la culture elle-même, n'a pas fait long feu, mais les jeunes continuent de danser dans les clubs malgré tout.

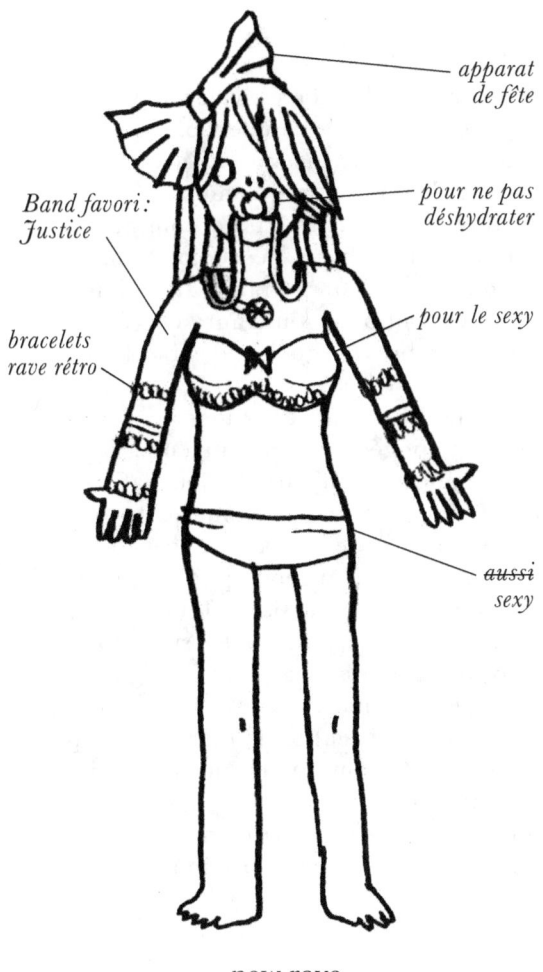

new rave

CHILLWAVE
2009

Le chillwave est le son nostalgique d'un vieux synthétiseur, une chanson estivale vaguement pop, vaporeuse, trempée dans les textures de la technologie analogue (encore cette nostalgie).

En 1966, Brian Wilson, compositeur des Beach Boys, utilisait le studio comme s'il s'agissait d'un instrument. Le studio est maintenant contenu dans un portable : Les albums de chillwave sont bâtis sous l'aura de Wilson dans les chambres à coucher des banlieues américaines.

Alors que l'influence des blogs musicaux connaît son apogée, un mot s'invente. C'est le chillwave (terme renié par les journalistes, les artistes, les amateurs de musique et les blogueurs). Le mot ne décrit pas une scène véritable, basée sur un lieu géographique ou une affiliation réelle entre artistes. Il décrit une sélection de pistes musicales pigées sur la toile, un mouvement musical construit en ligne au travers des commentaires.

Malgré son artificialité, le mot reste pratique et utilisé. Comme la musique chillwave, ce souvenir vague de l'ère analogique, le look chillwave est l'image brouillée d'un glam défait, déglingué et délicieusement corrompu.

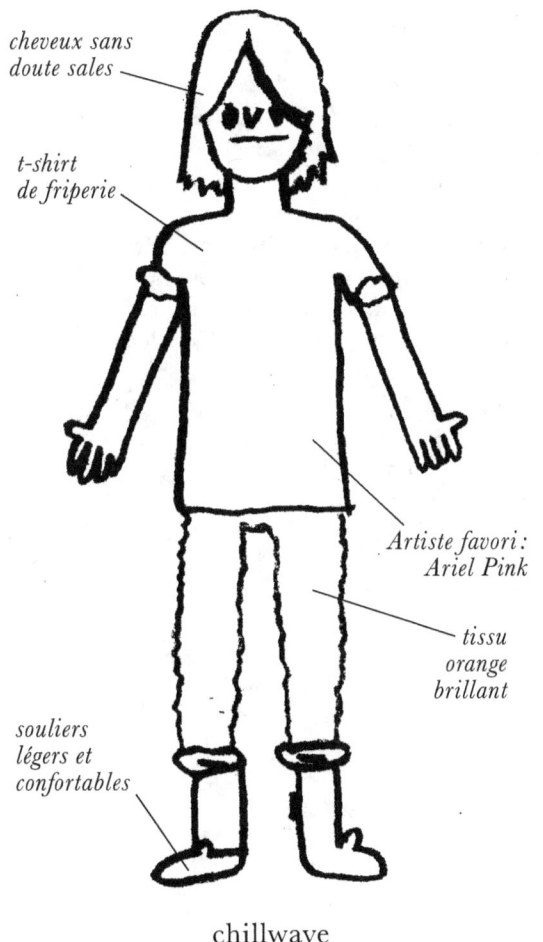

WITCH HOUSE
2010

Le retour de la musique de synthétiseurs issu de la réincarnation de l'esthétique générale des années 1980 a engendré le witch house, moins ludique et plus violent. Le son est un mélange de musique industrielle et de synth pop désaxée avec quelques touches de métal et de rock garage.

Le ton est lugubre, l'imagerie générale appelle à l'occulte, au satanisme métal et à la violence sublimée du punk. Les choix vestimantaires sont établis sur un look réaliste décadent classique, à une base grunge/garage auxquels sont ajoutés des éléments plus évocateurs et costumés : des robes de prêtres, des accessoires chamaniques ou des représentations religieuses inventées.

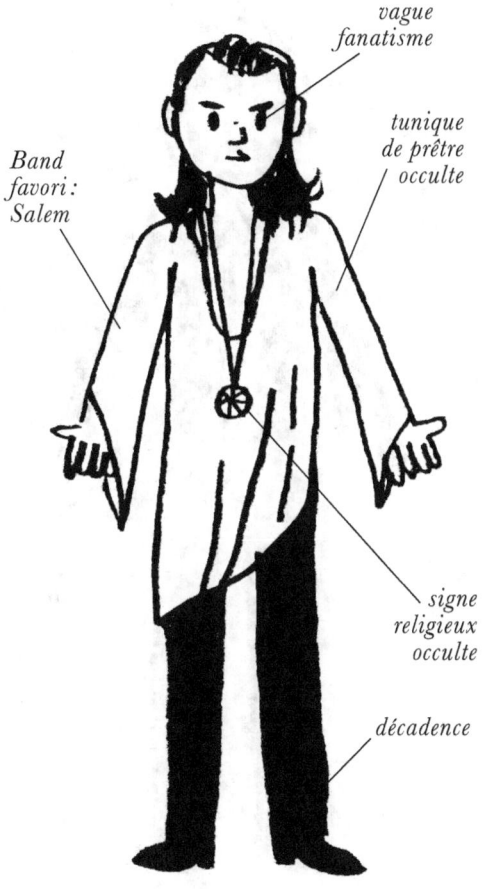

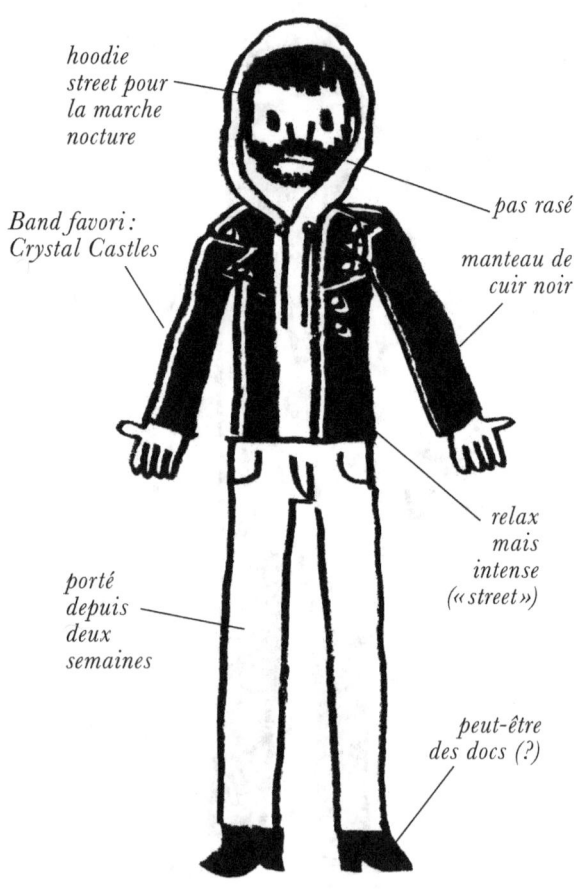

witch house

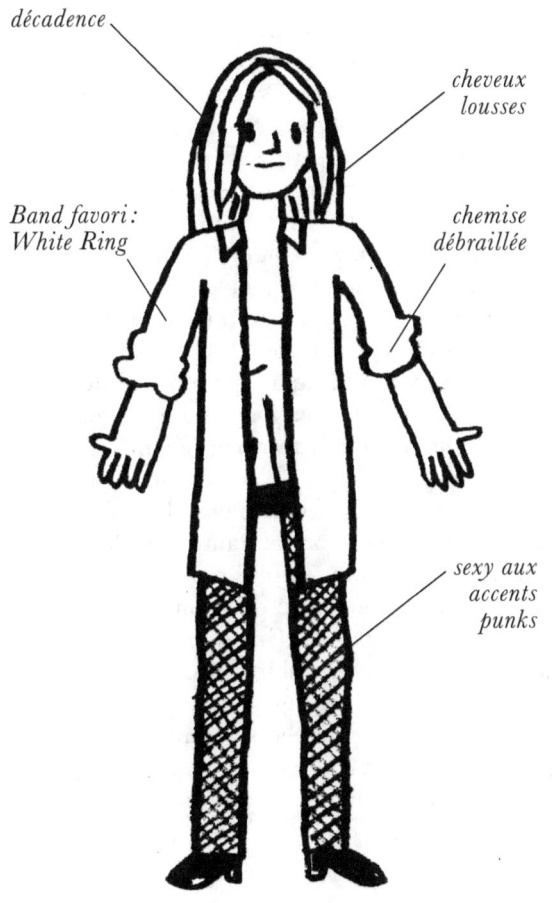

witch house

SOFT GRUNGE
2011

Le soft grunge est une réappropriation des codes vestimentaires, des palettes de couleurs et des jeux graphiques des années 1990. C'est une appréciation strictement esthétique qui semble motiver les adhérants de cette mode. Des jeans déchirés, des t-shirts blancs brisés, tachés de peinture, les Doc Martens, les vêtements repêchés dans les friperies, les fringues portées par de jeunes filles mais qui rappellent les vêtements que porterait une vieille dame... tant de tics vestimentaires issus des années 1990.

Comme son nom l'indique, cette mode ne reprend pas la rage et la violence du grunge, mais semble plutôt la remplacer par une mélancolie goth et par un soucis des apparences qui rappelle les constructions costumières des lolita goth japonaises ou des communautés cosplay. En ce sens, ce look, dans sa plus pure expression, a souvent été tourné en dérision comme étant une fabrication artificielle issue des réseaux sociaux tels que Tumblr ou Instagram... Mais l'indéniable influence que ce look a eu au cours de la décennie sur les choix vestimentaires des jeunes femmes lui confère une importance certaine qui lui fait dépasser les dérisions de l'extérieur.

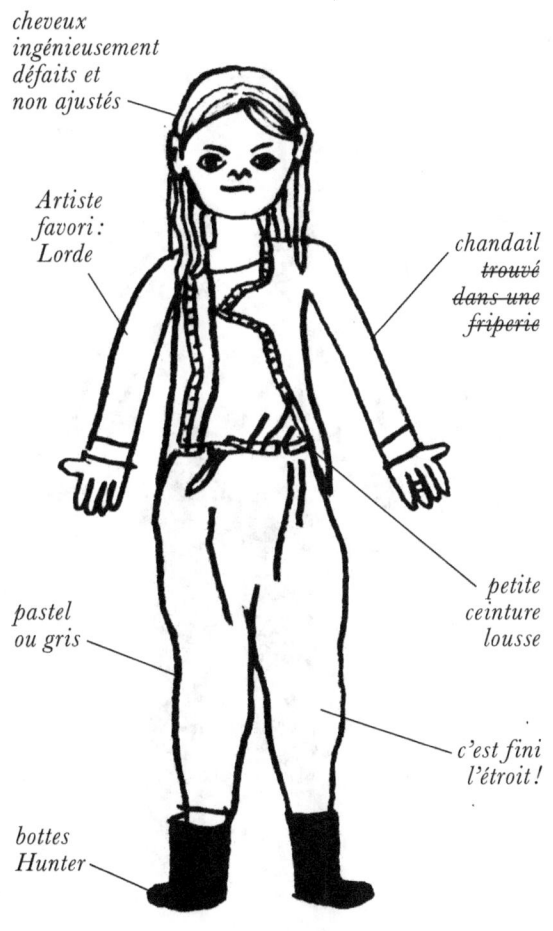

soft grunge

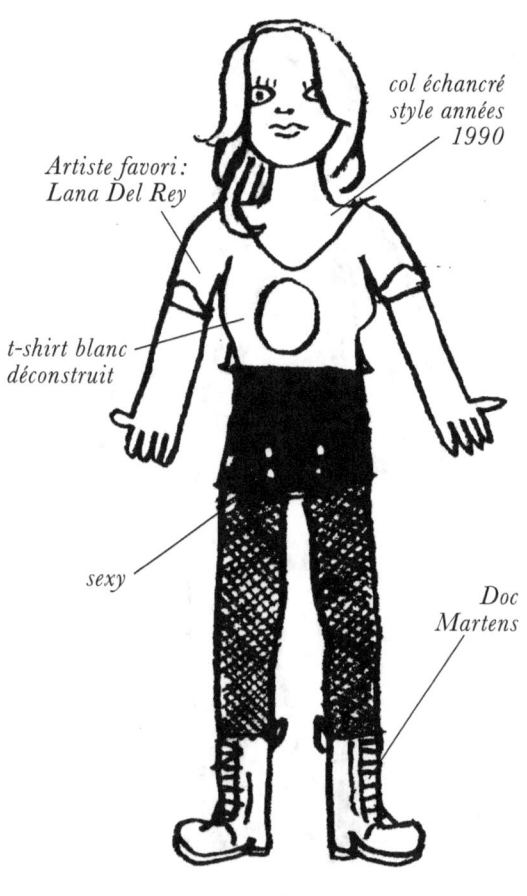

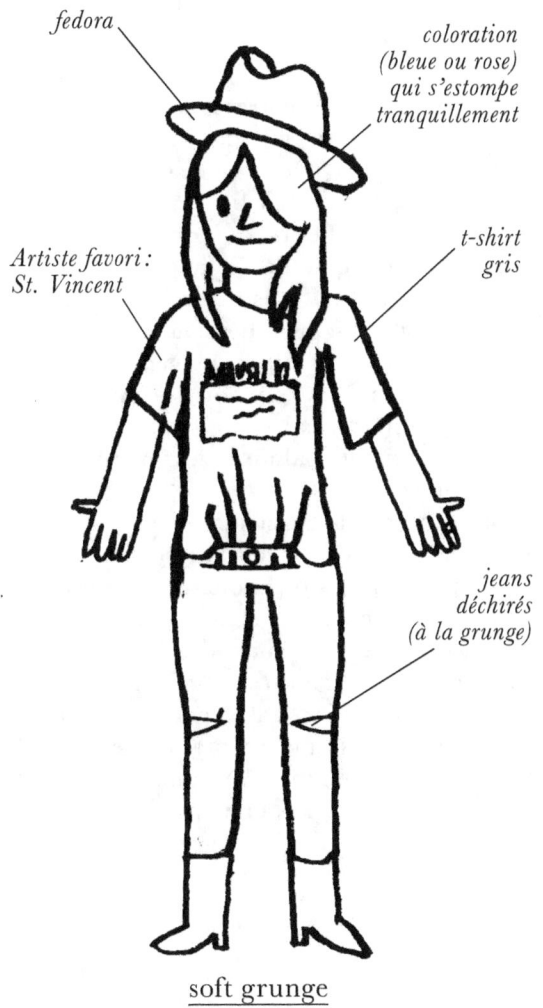

fedora

coloration (bleue ou rose) qui s'estompe tranquillement

Artiste favori : St. Vincent

t-shirt gris

jeans déchirés (à la grunge)

<u>soft grunge</u>

VAPORWAVE
2012

Le vaporwave est une appréciation de la musique corporative de centres d'achat, mutilée et dépravée par les ralentis et les distorsions. C'est la récupération d'une certaine esthétique issue des années 1990… en particulier les caractéristiques primitives des premières interfaces graphiques de l'époque, de l'imagerie 3D et des premières incarnations du web. À cela s'ajoutent l'amour du glitch, des couleurs pastels et une adoration du kitsch. Le vaporwave se vautre dans les constructions architecturales décoratives et commerciales, les sculptures de style greco-romain, les palmiers, les fontaines, les horreurs tocs.

Le vaporwave est la construction d'un univers parallèle, un paradis alternatif originaire d'une déformation des technologies passées. C'est un centre d'achat abandonné, une publicité de Pepsi Crystal, un concours de beauté japonais enregistré sur une cassette VHS…

Les vêtements choisis par le vaporwave vont donc en ce sens : C'est une célébration de certaines horreurs esthétiques des années 1990, reconstruites et recyclées pour en produire des objets étranges et beaux.

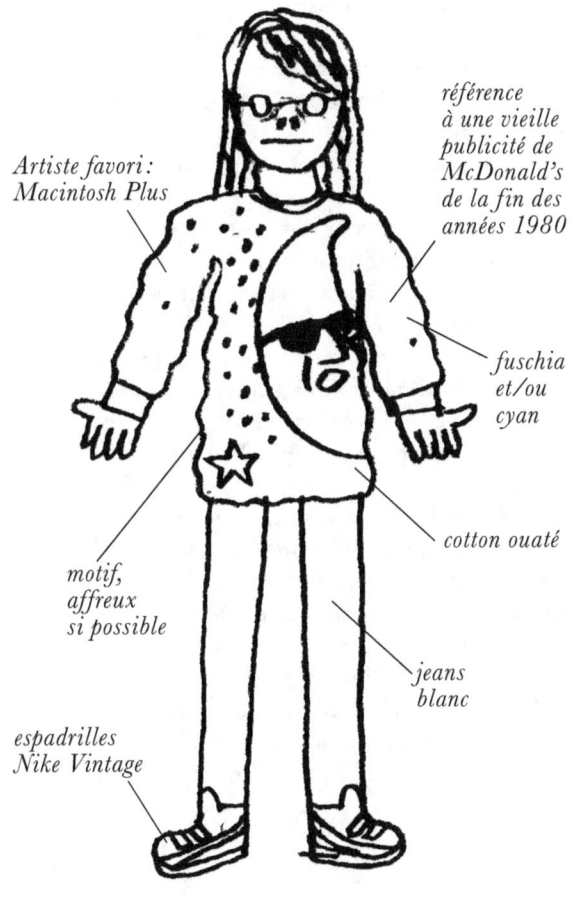

PASTEL GOTH
2013

Style conjugué presqu'exclusivement au féminin (comme peut l'être le soft grunge), cette mode combine le look goth classique et la sensibilité kawaii, cette fascination japonaise pour tout ce qui est mignon.

Depuis déjà quelques décennies, les adolescentes japonaises s'inspirent de l'histoire européenne et conçoivent des costumes d'inspiration victorienne incluant corsets, tutus, froufrous, perruques élaborées, couleurs pastels… le tout filtré par l'esprit kawaii. À Tokyo, il n'est plus rare de croiser des adhérentes de cette mode lolita. Elles amalgament le victorien, le gothique, le rave, l'imagerie militaire, le métal, le monde du manga, le punk et le neo-rockabally.

Le pastel goth ajoute les couleurs vives et pastels à la palette sombre du goth classique. Ses adhérents s'inspirent du ludique *cosplay* de la mode lolita gothique japonaise. On joue avec les signes et on crée des avatars. C'est une mode qui a souvent peu de liens avec le mode de vie et la culture musicale gothique d'origine. C'est surtout une appréciation des codes esthétiques punk et métal, un jeu libre des sémantiques du rock 'n' roll.

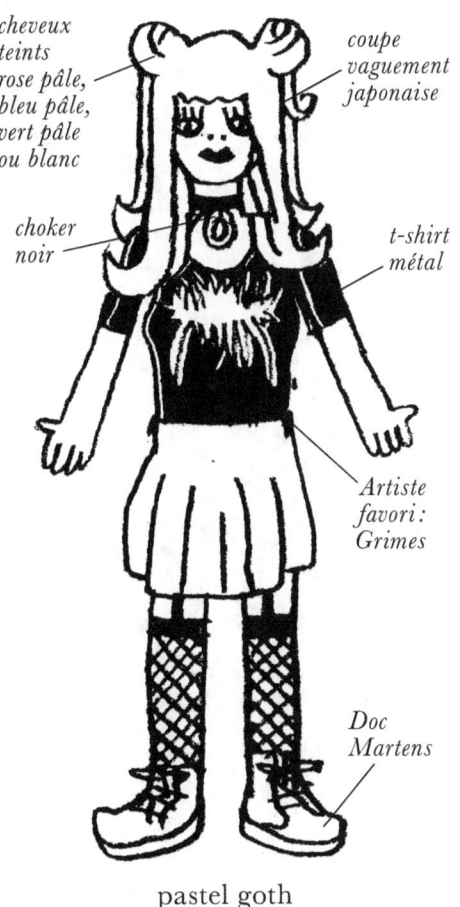

pastel goth

Deuxième édition du livre

Première édition écrite à Montréal en 2006
publiée en septembre 2007

Deuxième édition écrite à Québec en 2018 et 2019
publiée en mai 2019 puis en février 2021

www.ingramcontent.com/pod-product-compliance
Lightning Source LLC
Chambersburg PA
CBHW070636220526
45466CB00001B/193